りげない気づかい」が
きる人　できない人

渋谷昌三

青春新書
PLAYBOOKS

はじめに

あなたは「気がきく人」と「気がきかない人」、どちらと思われたいですか？

ふつうは前者ですね。TPOに応じて、とっさのときにも臨機応変に気をきかせられる人は、やはりいつの時代も人に好かれます。

しかし、「頑張って気がきく人になろう」と努力してしまうのは、じつは要注意なのです。

努力してしまうとどうなるか。たとえば初めて会った人に、

「素敵なお名前ですね」

「いいネクタイですね」

なんてほめてしまう。思い当たりませんか？

よく知らない人にいきなりほめられると、相手は違和感を抱くし、「口ばっかり」と思われかねないのです（逆の立場だったらと考えれば、イメージしやすいですね）。

ではどうするか。

ほめるなら、二度目がベストです。

「あ、いいネクタイですね、前回もいい感じだと思ってたんです」

「お嬢さんの学校、全国大会に出場したんですね、すごい！」

――このほうがよほど相手は喜びます。なぜでしょう？

自分のことを少し知ったうえでの言葉なので、白々しくないし、

「娘の部活の話なんて、ちょっとしただけなのに、覚えててくれたんだ！」

と、少し感動するからです。

人に好かれよう、気づかい上手になろうと頑張ってしまうと、ヘトヘトに疲れませんか？

それは、この例のように、頑張るわりに効果が出ないからです。

いっぽう、気づかいのうまい人と下手な人がいるのも確かです。うまい人は、どこが違うのでしょう？

さきほどのシーンでいえば、

「好かれたい」とか「気がきく人と思われたい」ということよりも、

「初めて会ったのに、いきなりほめると不自然だな」という感覚を持ちながら相手と話し、

「この人、ネクタイのセンスがいいな。お嬢さんと仲が良いなんて素敵だな」

と思いながら話しているようです。だから次に会ったときに自然にその言葉が出て、相

手も好感を持ってくれる。そういう流れになっているのですね。

こう見てくると、頑張って気疲れするよりも効果的な「気づかい上手」への道がありそうですね。もうお察しと思いますが、**「自分が好かれたいから、という気持ちはいったん横に置いておいて、相手に関心を持つ（無理のない範囲で）」**ということではないでしょうか。

関心を持ったのは、あなたの正直な心の動きだから、そこから出てくる言葉やちょっとした行動は、自然で、他の人にはないオリジナルなものになります。だから相手との自然なやりとりが生まれ、喜ばれます。

この本では、職場やふだんの人づきあいなどのいろんな場面で、自然に相手との距離を縮められる〝さりげない気づかい〟のヒントを紹介しました。

「上司がいつも気難しくて、ソリが合わない……もっとストレスなく仕事したい」

「あの人ともっと仲良くなりたい」

というときなど、きっと役に立つと思います。

1時間半か2時間後、この本を読み終えたとき、あなただけの〝自然な気づかい〟が誰かを喜ばせ始めることを、楽しみにしています。

渋谷昌三

目次

2章 好かれるための〝気づかい〟になっていませんか?

3章　職場でがぜん評価が上がる〝とっさ〟のふるまい

4章 なぜか〝お酒の席・食事の席にいてほしい人〟の秘密

5章 たった一言で心をつかむ話し方のツボ

1章

初対面では頑張りすぎないほうがいい

人はまず見た目、次に顔と声で判断する

初対面の人に会う時は、誰でも少なからず緊張するものです。「どんな人だろう。怖い人じゃなければいいな」と、どちらかというと、期待感よりも不安感の方が大きいものです。

人に会うことにかけてはプロ中のプロである百戦錬磨のインタビュアーなどでも、初対面の人と会うのは緊張するようで、入念にインタビューのシミュレーションをしても、直前まで緊張が解けないことがあると聞きました。

そうした緊張を乗り越えて、実際に会ってみる。

すると、まず目に飛び込んで来るのは、**その人の全体像**です。「うわあ、ずいぶん大きな人だな」とか「ちょっと派手な感じの人だな」とか、脳の回路は、全体のフォルムを見てその人を判断しようと働き出します。

そして第二の判断基準は、**相手の顔と声**です。

「けっこう歳も若いのかな」とか「若く見えるわりには、しっかりした話し方をするな」とか、全体像から少しだけその人の内面にフォーカスアップして、再び「判断回路」が働き出すのです。

実は**この段階ですでに、その人に好感が持てるか否かを、脳はかなりのウエイトで決めてしまいます。**

となると、「それじゃあ、かわいい人は得だな」とか「背の小さな男はなめられるんじゃないか」と思う人もいるでしょうが、**お見合いや何かのオーディションならともかく、普通の出会いの中で、「ルックスがいい」「体格がいい」ということが本質的にプラス・マイナスの要因になることはありません。**

そもそも、人の本当の魅力というのは「会話」をしてみなくては分かりません。初めて会ったほんの一瞬で、その人を評価してしまうのは危険です。

ただ、初対面の時は「見た目の印象」というのが、おおむねの場合、「その人の内面」にも相通じている場合が少なくありません。

一見、矛盾しているようにも思える、この「見た目の印象」と「その人の内面」の関係については次項でくわしく説明します。

身だしなみは気づかいの第一歩

顔つきもいい。落ち着きもある。なのに、どうも好感が持てない。

そうした人はたいてい、身だしなみに問題があります。

よれよれのスーツを着ていたり、あきらかに剃《そ》り残しと分かる無精ひげが生えていたり、あるいは必要以上に爪が伸びていたりと、何にしても清潔感がない。こうした人は向き合っていてちょっと不快。好感を持たれません。

上等なスーツを着るべし、と言うのではないのです。むしろ若い営業マンが、見るからに仕立てのいいスーツを着ていれば、それこそかえって嫌味です。

大事なのは、初対面の人に会う時は、常識的に考えて、**相手に「不潔」な印象を与えないという最低限の気づかい**をすることです。

それは所作にも表れます。

向かい合って話している相手が、しきりに「貧乏ゆすり」をしていたら、あなたはどう思うでしょう。きっと落ち着かない気持ちになるはずです。

また、若い人がよくやる、手の中でペンをくるくる回すのもいただけません。本人は無意識にやっているつもりでも、相手はイライラしますし、何より「ああ、この人は心ここにあらず。私の話を真剣に聞いていないな」と思われても仕方ありません。

「身だしなみとか、無意識の癖とか、そんなことはどうでもいいじゃない。肝心なのは話の中身でしょ」と思う人は、危険信号です。

確かに肝心なのは話の中身ですが、身だしなみや所作に問題があって、相手に不快な印象を与える人は、「本質的にだらしのない人」という烙印《らくいん》を押されてしまうからです。いったんそうした印象を与えてしまったら、相手は何を聞いても「ちょっと信用できないな」と思ってしまいます。

身だしなみや所作というのは、心の鏡と心得たいもの。

初対面の場合、「見た目の印象」で相手に不快な印象を与えてしまえば、「ああ、こういう人なのね」と「その人の内面」までをも判断されかねません。

初対面からいい印象を与えたいと思うなら、まず何より、身だしなみを整えて、所作を正し、人と向き合うことが基本です。

意外性のあるワンポイントの効果

近ごろ、毒舌タレントが人気です。

ひと昔前であれば、彼らが活躍できるのは、ラジオ番組と相場は決まっていました。

テレビに比べてラジオは、アンダーグラウンドな文化の香りが漂っていて、きわどい話や「そこまで言うか」と思うくらい率直なトークで、世相や人物を斬《き》っていたものです。

ところが最近、テレビをつけて彼らの姿を見ない日はないくらいの活躍ぶりです。

なぜこうした現象が起きているのか。

それは彼らの「毒舌」が、お仕着せのコメントを話すタレントに飽きた視聴者に、斬新な印象を与えているからです。

これはビジネスの現場でも同じことが言えます。

もちろんビジネスに「毒舌」を持ちこむことは許されませんが、**人とは違ったキャラクターを持っていた方が、第一印象で記憶に残りやすいでしょう。**

ただこの「キャラクター」の線引きは難しく、あまり個性的だと相手に不快な印象を与えてしまうことになるので気をつけたいところ。とくにセールス関係の仕事の場合は、見た目が華美だと「いい印象は残さない」という傾向があるようです。

こうした場合は、意外性のあるワンポイントで主張して相手に印象づけたいものです。たとえば、ペンなどの小道具などです。

商談のさいに使うペン。あなたはどのようなものをお使いでしょう。おそらく、どこにでも売っているようなボールペンを使っているのではないでしょうか。

ところがそこでおもむろに、昔ながらの万年筆を取り出して、さらさらとメモを始めたら、相手はきっと、「若いのに、今どき万年筆とはめずらしいね」と反応するはずです。

ここで会話が生まれます。

「そうなんです。パソコンや携帯電話など、いろいろなものが便利になって仕事もはかどるようになりましたが、どこか一つくらいアナログな部分も残したいと思いまして」

などと言えば、商談相手も、

「なるほどねえ、確かにそうだよね」と、初対面のあなたを「万年筆」とともに記憶してくれることは間違いないでしょう。

初対面では個性をアピールしない！

「お洒落ですね」というほめ言葉が、ほとんど歓迎されない職場があります。

その一つが銀行です。銀行では、ピンストライプのスマートなスーツにカラーワイシャツ、柄物のネクタイなどという人はまず見かけません。むしろ、どの行員を見てもいささか「地味」な印象を受けるのが普通です。

でも、その「地味」な印象こそが「安心感」を与えてくれる大事な要素となっているのもまた事実。私たちの中には「銀行員は、いつでも地味な装いであるべきもの」という意識があって、それがしっかり根づいています。

誰を見ても、似たようなスタイル、似たような立ち居振る舞いで、変わり映えしない。でも、そんな変わらぬスタイルがあるからこそ、私たちは彼らを信用して大事なお金を預けることが出来る。いわばこのスタイルの徹底こそが、お客さまに対する気づかいです。

ところがそこに、突然、今流行のスーツやネクタイに身を固め、髪の毛を染めた行員が現れたら、初対面のあなたはどう思うでしょうか。

「まるで場違い！　目立ちたがり屋では？」と、決していい印象は持たないはずです。また何より「こんな人じゃ信用できない」と、預金する気もなくなるに違いありません。

銀行に限らずこうしたルールはいろんな職場、人が集まるいろんな場所に存在します。ひと言目には「個性が大事」と言われる今の時代ですが、個性を勘違いして、その場のルールを無視して「そんなのナンセンスだよ」と切り捨てて自己主張するような人は、「軽薄」な印象を与えてしまうことにもなりかねません。

人との出会いの時、**特に初対面の場合は、やはりそれなりのルールを守り、常識的な「やりとり」をした方が、相手に好印象を与えることは間違いありません。**

「個性的でありたい」「人より目立ちたい」という、ある種の自己顕示欲は、かえって相手に「いやな感じ」を与えてうんざりさせる場合があります。

結果、**「あの人はそうとうなナルシストだね。ところで名前、何だっけ？」と、人の記憶にも残らないことにもなる。これでは個性も何もあったものではありません。**

自己主張は大事なことです。ただ、その場に合ったさじ加減が大切です。

「いい人」だと思って接してみる

見た目がいかつくて、声もダミ声。

向き合っただけで圧倒されてしまうような人がいます。

中には、その時点で「ガラガラ」と心のシャッターを降ろしてしまい、「この人とは合わない」と決めつけてしまう人もいるのではないでしょうか。

おそらくそうしたタイプの人は、自分がイメージする「友だち像」に少しでもフィットしない人はすべてシャットアウトしてしまい、ゆくゆくは友だちの少ない「さみしい人生」を送ることになるでしょう。

これまでも記してきた通り、初対面の相手の第一印象は、その後の付き合いに大きく影響します。ただそこに、「先入観」を持ちこんではいけません。

先入観を持っている限り、人は相手と決して仲良くすることができないからです。

そうした感情は、自ずと表情や言葉に表れ、とうぜん相手にも伝わります。

「やっぱりこの人は無愛想だ」
「私を軽く見ているな」

など、**自分に対していい感情を持っていない相手に、心を許そう、本音で語り合おうという人はいません。**

私の知人に、「初めて会った人は、とりあえずいい人だと思って接してみる」という人がいます。

仮に、見た目が威圧的な印象であろうが、ドスの利いた話し方をしようが、「この人はいい人だ」という前提でつき合うので、相手に対しても素直にふるまうことができると言います。

とうぜん相手も、自分に対する好意は敏感に察知するもので、腹を割った話ができるようになり、親密な関係を築くことができるそうです。

「人間関係に恵まれている」という人は、たいてい、新しい人との出会いの時に、先入観を持ちません。誰であっても、まずは「いい人だ」と信じて接することが、人から好かれ、幅広い人間関係を築いていく秘訣です。

第一印象で失敗しても大丈夫

「最初に会ったとき、お前とはゼッタイに合わないと思ったよ」などと言いながら、時を経て、仲良く酒を酌み交わす人がいます。

入学したてのクラスメイトや、同期入社の仲間たちなどの中には、誰でも必ず一人や二人、そりが合わない人がいるのではないでしょうか。多くは初対面から自己中心的で目立ちたがり、ネガティブな面でインパクトを残すタイプの人でしょう。

ところが毎日顔を合わせているうちに、「あいつ、初めて会ったときほど悪いヤツじゃないかもしれない」と、次第に評価がアップしていくことがよくあります。

実のところ、**人の印象や評価というのは、初対面で全てが決まるものではなく、二度目、三度目に顔を合わせた時に「どうふるまったか」でガラリと変わるものなのです。**

しかもそれは、初対面の時「なんだアイツの態度は！」と相手を怒らせてしまうくらい印象が悪かった方が絶大な効果を発揮します。

悪い印象が強く残っているうちに再び会い、そこで多少なりとも「いい感じ」を与えることができれば、

「おや、思っていたほど悪いヤツじゃないかも知れない」

と、瞬間的に好感度の針が大きく振れ、一気に「いい感じ」のイメージが増幅します。

これを数値で表せば、一ついいことをしただけで、三つ分くらい、いいことをされたように錯覚してしまう。人にはそんな心理があるのです。

したがって、**初めての出会いで周りに悪い印象を与えてしまい「失敗したな」と自覚している人も落ち込むことはありません。**

イメージを挽回して好感度を上げるチャンスは二度目に会った時に訪れます。言葉づかいやふるまいに心を配って向き合えば、それまでの評価は１８０度逆転します。

もちろん第一印象で好印象を人に与えて、会う度ごとにその印象を定着していく方が、理想的な関係づくりに違いありません。

ただ、最初から頑張りすぎて、相手の心の中に「いい感じ」ばかりを植えつけてしまうと、後々、その「好印象の鎖」が、かえって自分を苦しめる要因にもなる。

初対面の人との向き合い方は油断大敵なのです。それは次項でお話しします。

「良く見せよう」と無理しないほうがいい

「えっ！　そんな人だと思わなかった。ちょっとショックだな」

あなたはこれまで、良い印象を持っていた人にそんな思いを抱いて失望したことはありませんか。

「さわやかで、明るくて、気配りも出来て、誰に対しても優しい人。最初に会った時からずっとそんなイメージを持っていたのに、あんな一面があるなんて」と。

「人との出会いは最初が肝心」と言われますが、実際のところはそうでもなく、**最初から自分をよく見せようと頑張り過ぎない方がいい。これが人づきあいの基本です。**

前項でふれた通り、最初に悪いイメージを持たれたとしても第二印象で好転する場合もありますし、逆に第一印象がどれだけ良くても、そのイメージを維持し続けることができなければ今までの努力が水の泡となってしまう場合もあります。「好印象の鎖」とはまさにこのことで、これがなかなか厄介なものなのです。

そもそも人には、必ず何か欠点があります。

さわやかで明るいけれど、少し大雑把なところがある。

細やかな気配りができるけれど、小さなことにもこだわり過ぎる。

誰にでも優しいけれど、自分にも甘いところがある。

そうした欠点が、付き合っていくうちにチラリと見え始めてくる。そのチラリが、第一印象が良かっただけに、大きな欠点に思えてきて「なんだ、こんな人だったのか。がっかりした」と評価がいきなり下がってしまうのです。

普通の人だったら笑って済ませる程度の欠点なのに、初対面の第一印象が良すぎて、あまりに期待値も高く、小さな欠点がとても大きな欠点に見えて第一印象を覆してしまう。これが人間の心理です。

結論から言えば、第一印象の悪かった人の方が、少しいいところが見つかっただけでも「見直したよ。なかなかいいヤツじゃないか」と株が急上昇するわけで、第一印象が良かった人より「得している」ともいえるのです。

初対面で失敗したとしても、大事なのはそこからの気づかい次第。第二印象、第三印象で大逆転して「好かれる人」になれるのです。

親しくなる前でないと聞けないことがある

初対面の人と親しくなるためには、親しくなりきる前の調査が肝心です。

前項でもふれた通り、人は、良い印象を持っていた人の意外な一面を見てしまうと、失望してしまうことがあります。

とりもなおさず、それは相手の優れた一面、評価できる一面しか情報としてインプットされないまま、親しくつき合い始めてしまったことが原因です。

あなたの前に、「親しくなりたい」と思う人が現れたならば、自分のいいところだけでなく、欠点や悪しき習慣をそれとなく伝え、相手にも同じことを求めるべきです。

それに関連したことで、面白いことを言っていた女優さんがいました。

テレビのレポーターに結婚について聞かれ、

「ルックスとかは、ぜんぜん気にしないんです。相手の収入も気になりません」

「じゃあ、どんなお相手でもＯＫ？」

「いえ、貧乏ゆすりをする人はダメです」

「貧乏ゆすりをする人は、どんなに素敵な人でもダメ？」

「ダメです。つき合う前に確認します」

ルックスや収入を「まったく気にしない」というのは大げさにしても、「貧乏ゆすりをする人はダメ。事前に確認する」と言い切ったその若い女優さんは、おそらく、いい結婚相手と巡り合うのではないでしょうか。

親しくなって時間が経つと、聞きたいことが聞けなくなる。

こうしたことはきっと誰にでも経験があるのではないでしょうか。時にそれは、関係に決定的なダメージを与えることもあります。裏を返せば、**あまり親しくないうちは、なんでも言えるし、なんでも聞けるのです。**

腹を割って、話せる・聞けるチャンスは、そうそう多くありません。

そう考えると、学生が企業説明会に臨む場合なども、担当者の話は「いい話：3」「悪い話：7」くらいの割合で聞いていた方がいいでしょう。自分の会社のアキレス腱を熱く語る担当者はいるはずがありません。

少しでも「おや？」と思うのであれば、積極的に質問して相手を知ることが肝心です。

人前であがらない5つの言葉

「人前に出るのが苦手なんです。特に初対面の人に会うとあがってしまって……」

こうした人は社交性に欠けて、営業職や接客業に向いていないと思われがちですが、実はその逆。あがり症の人は自分の気持ちを一生懸命伝えようとするので、相手に誠意も伝わりますし、人の気持ちを深いところまで考えられる一面を備えているため、人を相手にする仕事には向いているのです。

とはいうものの、本人にとって人前であがることは苦痛以外の何物でもなく、大勢の人や初対面の人を前にした時、「しどろもどろになったらどうしよう」という不安が付きまとうのが現実でしょう。

そこで、あがりそうになったら実践したい、5つの対処策を紹介します。

①たくさんの人の前で話をする時は、たとえ大勢の人たちが自分に視線を注いでいるのを感じても、**「自分は今、皆に向かって話しているのではなく、この中の一人に向かって話**

していいるんだ」と考えれば緊張感が薄れます。

②初対面の人の前であがってしまうのは、相手のことを知らないため必要以上に緊張してしまうことが原因。そんな時はこう考えましょう。**「相手だって自分のことは知らない。緊張しているんだ」**と。そうすれば落ち着いた気持ちになることができます。

③「いいところを見せたい」と強く思うと、かえって緊張してしどろもどろになってしまう場合が少なくありません。どんな時でも、**「自分なんてたいしたことないんだ」**という意識で臨めば、あがることはまずありません。

④披露宴や格式ばったパーティーなどのフォーマルな場面が苦手という人は、必要以上に肩に力が入って舞い上がりやすいものです。たとえ気楽なムードでない席であっても、**「これは気楽な集まりなんだ」**と自己暗示をかけることで気分は落ち着きます。

⑤入学・入社の面接やお見合いなどで、相手から自分がどういうふうに見られているが気になって仕方がない。好感を持たれているのか、悪い感じに見られているのか――人は自意識過剰になるにつれて緊張して、ガチガチになってしまいます。

そんな時は**「ありのままの自分を見てもらおう」**と半ば開き直って人と向き合った方が気持ちも楽になりますし、結果的に相手に与える印象も良くなります。

初対面より二度目が「ほめ時」！

「お客さま、とってもお似合いですよ」という洋服店の店員のほめ言葉は、「ほとんどあてにならない」。私はそう思って、いつも警戒しています。

たとえばジャケットを羽織って、鏡の前に立ったとしましょう。そこへスルリと店員が寄ってきて「とってもお似合っている」と盛んにまくしたてる。自分の中では「ちょっと派手過ぎはしないかな」と思案しているところに、こちらの思いはお構いなしに、次から次へと美辞麗句を並べたてられるとウンザリして、「少し黙っていてくれないか」という気持ちになってしまいます。

確かに、ほめ言葉は、人をいい気分にしてくれます。だからこそ、お客さまには粗相をしてはならないという思いが強くなり、「とりあえずほめておけば間違いないだろう」という考え方に行き着くのでしょう。

しかしこれは、かなり安易な考え方です。にもかかわらず「初対面のほめちぎり」は実に多くの人が陥りやすい「落とし穴」です。初めて会った人から、大げさな調子でほめちぎられたのでは、だんだんそのほめ言葉も空疎なものにしか聞こえなくなります。「ほめる」というのは、相手のパーソナルな部分、たとえば容姿や内面性、趣味や感性といった部分に足を踏み入れることです。

したがって、初めて会って、いきなり自分の内面にどかどかと踏み込まれたのでは、いくらほめられても心穏やかではいられません。

初対面の時は、むやみやたらにほめる必要はありません。

相手のことをまったく知らないのに、うかつに人をほめちぎるのは、「口先だけの人だね」というイメージを植え付けることになりかねません。

人をほめるタイミングは、二度目に会った時がベストです。

「先日お見かけした時に、とてもお似合いだなと思っていたんです」と来られればイヤ味にならない。むしろ以前会った時のことをしっかり覚えていてくれたんだと、相手は二倍に嬉しさを感じます。

どのようなシーンにおいても、初対面の人をいきなりほめたのでは、「何か魂胆でもあるのかな」と警戒されます。二度目に会った時こそが信用を勝ち取る「ほめ時」です。

「〜しない」気づかいも効果的

どんないい酒も、バーテンダー次第で美味くもまずくもなる。どんなに雰囲気のいい店でも、バーテンダーのふるまいによって居心地が違ってくる。酒場の雰囲気は、バーテンダーの良し悪しで決まると言われます。

たとえばあなたが、会社でちょっとしたトラブルがあって「今日は軽く一杯飲んで帰ろうか」とバーに立ち寄ったとしましょう。あなたは今日の出来事を酒でも飲みながら、一人でゆっくり考えたいと思っています。

そんなところに、おしゃべりの過ぎるバーテンダーがいたとしたらどうでしょう。「お客さん、会社で何かイヤなことでもあったんですか？」と言って、カウンターの向こうから立ち去ろうとしない。

バーテンダーにしてみれば、サービス業の気配りとして当然のことをしているつもりでも、今のあなたにとってその気づかいは、「ありがた迷惑」以外の何ものでもありません。

傍から見れば落ち込んでいるように見えるかも知れないけれど、自分だけの時間の中で今日一日を振り返っているだけのこと。「なんて鈍いバーテンダーなんだ」と思い、その店を一刻も早く出たいと思うことでしょう。

人との関係においては、相手への気づかいや気配りがなにより肝心。人間関係を潤滑にさせる基本です。とはいえ、自分が良かれと思ってやった気づかいが、相手にとって「余計なお世話」になってしまうこともしばしば起こります。

とくに初対面の相手には、気をつかったつもりのサービスが、かえって怒らせることにもなりかねません。むしろ大事なのは、「何をして欲しくないか」を察して、それを「しない」ことにする。

そのためには、人との係わりの中でどんな注意をすべきか、幾つか挙げてみましょう。

◎一方的に熱く話さない。
◎長々と自慢話をしない。
◎へたなお世辞で持ち上げない。
◎無理やり酒に誘わない

いかがでしょう。あなたは相手の思いを推測して、会話ができていますか？

うまいスキンシップは心の距離をグッとちぢめる

欧米人に見習いたいところは、何といってもスキンシップのさりげなさです。テレビで見る首脳対談や多くの外交の席で、先に握手を求めてくるのは、必ず欧米諸国の代表です。

先手を打たれて後からおずおずと手を差し出す日本の代表を見ていると、「これはまた、相手のいいように交渉を進められるな」と思ってしまうのは私だけでしょうか。

もちろんスキンシップが習慣化されている彼らにとって、握手するのは主導権を握る「戦略」などではなく、初対面の相手との距離をちぢめる「気づかい」の一つであるに違いありません。ただ、あまりにさりげなく、そして堂々と手を差し出す彼らを見ると、「これは相手の方が一枚上手だな」という印象を受けてしまうのです。

そのスキンシップに関して面白い実験報告があります。それは初対面の人を、次の三つの方法で引き合わせ、印象を聞くというものです。

①お互いに顔を合わせるだけ
②顔は見ないで言葉を交わすだけ
③顔も見ず、言葉も交わさず、ただ相手と握手するだけ

この中で、互いに最もいい印象を持ったのが③の「握手だけ」でした。

顔を合わせるわけでもなく、言葉を交わすわけでもない。ただお互いの手を握り合っただけで、双方とも「信頼できそう」「あたたかい」という印象を持ちました。

職場でよく見られるスキンシップは「肩をたたく」というアクションでしょう。後輩に「調子どう？」とか「元気？」とか。直接肌に触れるわけではありませんが、これもスキンシップです。単に言葉で相手をねぎらうより、「ポン」と肩をたたいて声かけをした方が相手に親しさが伝わって、感じの良い交流が生まれます。

ただ、スキンシップは相手を見極めないと大けがをすることにもなりかねません。先輩社員の肩を「元気ですか？」とたたこうものなら「何様のつもりだ！」と叱責されるでしょうし、女性に同じことをすれば、セクハラ社員の烙印を押されかねません。

スキンシップが相手との距離をちぢめることは間違いありませんが、それも相手次第ということ肝に銘じておきましょう。

最大の気づかいは「会話をはずませる準備」

最近はペット同伴のお見合いイベントというものがあるそうです。

これは、結婚相手紹介所が企画したイベントで、当たり前の合同お見合いイベントでは、なかなか話のきっかけをつかめない人たちに対して、自分の飼っているペット（犬や猫）を同伴させて、コミュニケーションの促進をはかろうというものです。

中には、「自分の結婚相手を探そうというのに、ペットの力を借りるなんて」と思う人もいるでしょうが、私はそうは思いません。

事実、自分の結婚相手や、いまお付き合いをしている人と「何がきっかけで知り合ったのか」と聞かれれば、「共通の趣味を通して」とか「学生時代のサークルが一緒で」と、答える人が多いのではないでしょうか。

もともと人と人との結びつきというのは、何かしらの共通点があった方が、速やかにその関係を築けるものなのです。

これはビジネスの現場でもよくあることです。

新人の営業パーソンが初めてのお客さまのところに出向いたとしましょう。緊張のあまり、お世辞にも上手いトークが出来ているとはいえません。しどろもどろしているうちに、お客さまの方にもいささかシラケムードが漂い始めた……。

と、何かのおりに出身地の話になり、偶然にも出身地が同じことが分かったとします。

「なんだ、キミも同郷なのか！」

そこで重苦しかった空気も一気に晴れ、会話もスムーズに運びだし、ビジネスが成立するということも少なくありません。

就職に有利な要素として、「血縁」、「地縁」、「学縁」ということが言われますが、さまざまな人がいる中で、同じ出身地の人と出会うという状況は一種の「運命的な出会い」を感じさせるもの。相手が好印象を抱く要素ともなるのです。

したがって、**初対面の人に「気に入られたい」と思うなら、相手の情報を出来る限り調べておき、自分との共通点を探しておくくらいの準備はしておくべきです。**

初対面の相手から自分が好かれる「最大の気づかい」とは何か。

それは、相手のことを知り、会話に結び付けることのできる「準備」だと思います。

別れぎわのふるまいを人は見ている

近ごろの若い人の関係は、「ずいぶんドライだな」と思うことがあります。

電車で仲良くおしゃべりしていたカップルがいました。ある駅についたところで女性の方が腰を上げ、「じゃあ、またね」と言って電車を降りて行きます。

驚いたのは、ここから先の二人の行動です。

電車を降りた女性は、男性のことを一度も振り返ることもなくホームを歩き去ってしまいました。一方、車内に残った男性は、女性が電車を降りたとたんにスマートフォンを取り出して何やら画面をいじり出したのです。

つまり、お互いに電車のドアが閉まった瞬間に、まったく別の顔をして、人格を切り変えてしまったように、私には見えたのです。

「余韻にひたれ」などと言うつもりは毛頭ありませんが、少なくとも、あれだけ楽しげに話していたのなら、ドアごしに互いを見送る、あるいは一度くらいは目を合わせて挨拶するのが普通の感覚ではないかと思います。

もちろん二人がどのような関係かは知りませんが、あまりにもアッサリしたその別れ方に、なかば呆《あき》れ、お節介ながら彼らの将来を憂う気持ちが、小さく芽生えました。

これまで、初対面の相手と会った時、良い印象を与えるためにはどうふるまうと効果的かを記してきましたが、とくに社会に出てからは、**相手との別れ際、あるいは別れた後に、どうふるまうかでも、その人の印象が決まることが少なくありません。**

たとえば、お客さまを見送る時（電車でもタクシーでも）、相手の姿が見えなくなるまで見送るのは基本中の基本です。

また、お酒を共にした翌日は、「昨日は、たいへん勉強になるひと時をすごさせていただきました。ぜひまた、ご指導のほど宜《よろ》しくお願い申しあげます」

そんなお礼のメールを、朝一番で入れることも大事です。

電車のカップルのように、別れっぱなしの態度を示せば、嫌われるわけではありませんが、「ちょっと冷たい人」という印象を与えてしまいます。

別れ際のふるまい方、分かれた後のフォローは、相手に好印象を与えるダメ押しの気づかいと心得てください。

1章のまとめ

- □ 全体像⇒顔・声の順で、印象は決められる
- □ 清潔感は、気取るためでなく、不快感を与えないため
- □ 「意外性」をうまく使うと、
  自己主張せずに相手の印象に残る
- □ 初対面では、個性ある人と思われようとしない方がいい
- □ 相手に先入観を持たないほうがうまくいく
- □ あまりにも第一印象が良いと、
  あとあとガッカリさせることになる
- □ 「知り合ってすぐでないと聞けないこと」を
  リストアップしておこう
- □ 初対面で人をほめすぎると逆効果！
- □ ありがた迷惑にならないための「引き算の気づかい」を！
- □ 初めての相手と会う前には、ツイッター、ブログ、
  ネットなども活用して相手との共通点を探しておく

この章で気づいたこと

2章

好かれるための〝気づかい〟になっていませんか？

その気づかい、自分のため？　皆のため？

あなたの周りに、「恩着せがましい人」はいませんか？

いろいろやってくれるのはありがたいけど、それをいちいち「私がやっておきました」と宣言されると、感謝の気持ちよりも、それをしなかった自分が反省しなくちゃならないような気分になってしまいます。

「相手に好かれたい」という意識が強い人は、往々にしてこのタイプの人が多いもので、何をするにしても「あなたのためにやっているんですよ」という自己アピールが見え隠れして、ちょっとウンザリしてしまいます。

自分に好意を持ってくれるのは嬉しいことですが、そうしたアピールがあまりにも露骨だとかえって引いてしまうし、それを見た周りの人もいい気持ちにはならない。むしろ「出しゃばりな人」という印象を与えてしまいます。

上手な気づかい、人に喜ばれる気づかいとは、さりげない気づかいのこと。それに気づ

いた時にこそ、人は感謝し、好感を持つのです。

たとえば、飲み会の席で、テーブルに空いたグラスや皿が広がっていたとしましょう。どう見ても見苦しいし、これから運ばれてくる料理を置くスペースすらない。そんな時、みんながおしゃべりに熱中している間に、テーブルの端にそれらを寄せて店員に下げてもらうように頼む。あるいは、ビールが残り少なくなったかな、と思えば新しいビールを注文しておく。

いずれにしても、誰も見ていないようなところで、小さな気づかいが出来る人がいると、その場にいる人全員が気持ちよく、楽しい時間を過ごすことが出来ます。

またそうしたことが出来る人は「気をつかっている」という意識を持っていないから、自分では何も言わない。そうした人は「みんなが気分よく楽しめるのが一番」という思いが人一倍強い人なのです。

「相手に好かれたい」「自分のいいところを見せたい」という意識と、「みんなが楽しめるのが一番」という意識。行為の結果としては同じものですが、それを行う態度次第で周りの評価は、「恩着せがましい人」と「気づかいの出来るいい人」とに分かれてしまうもの。

さて、あなたは上手に気づかいが出来ていますか？

時には「見て見ぬふり」も大事

電車に乗っていて一番迷惑なのは、酔っ払い同士のケンカです。

酔っているから声も大きく、そのわりには足元もおぼつかないので、あっちにヨロヨロ、こっちにヨロヨロ、危なっかしくて仕方がない。

そんな時に、まったく関係ない第三者が登場して、「まあまあ、二人ともやめなさいよ」と割って入り二人をなだめてくれると、ほんとうにありがたく思います。

きっとその人は、酔っ払い同士のケンカに嫌気がさしていたのでしょうが、それ以前に、「見て見ぬふり」をできない性格の人だと思います。

こうしたことは、なかなか出来るものではありません。もしかすると、自分がその渦中に巻き込まれてしまう可能性だってある。そんなリスクを背負ってでも仲裁に入れる人というのは、やはり「正義の人」と言うことができるでしょう。

ところが人間関係では、**「見て見ぬふりをした方がいい」場合も少なくありません。**

たとえば、先輩がこんなふうに言ったとしたら、どうしますか？

「あの人はほら、歯に布（ぬの）を着せない人だからさ」

明らかに違いますね。「歯に布（ぬの）」ではなく、「歯に衣（きぬ）」が正解です。そこですかさずあなたが、

「先輩、歯に布じゃなくて、歯に衣ですよね」

などと正そうものなら、先輩の面目は丸つぶれ。その場の空気も悪くなってしまいます。

あるいは職場で、課長が部長にしきりに謝っています。そんな時に、

「課長、何かトラブルでもあったんですか？　お手伝いしましょうか」

なんてことを言おうものなら、

「人の話に聞き耳立ててるヒマがあったら、自分の仕事をしっかりやれ！」

と激怒されることは間違いありません。

もちろんどちらも、悪意があってのことではありません。ただ単に、間違いに気づいたから指摘した。気になったから声をかけた。それだけのことです。

しかし、正しい行いが常に良い結果を生むかは別問題。時には「見て見ぬふり」をすることも、相手のプライドを傷つけない気づかいとなるのです。

なぜか〝いるだけで場が盛り上がる人〟の秘密

あなたの仲間内にも、座回しの上手い人がいるはずです。

とくにユーモアのセンスがあるわけでもなく、太陽のように明るい性格であるわけでもないのに、なぜかその人が入るだけで、場が盛り上がる。

そうした人をよく観察してみると、**話の振り方の上手さ**に気づくはずです。

気のおけない仲間内では、たいてい話の主導権を握る人が決まってくるものです。まずはその人が話を切り出し、半ば一方的に話し終えると、次に話す人の顔ぶれもだいたい同じ。ところがグループの中には、ただあいづちを打ちながら話を聞いているだけの人もいるはずです。

「人の話を聞いているだけで楽しい」というのなら、それはそれで結構ですが、ほとんどの場合黙っている人というのは、周りの人の勢いに押されて「自分の意見を切り出すきっかけがつかめない」という人が多いようです。

そんな時に座回しの上手い人は、実にタイミング良く話を振って、今まで黙っていた人から話を引き出します。

「これって、Aさんが詳しくなかったっけ？」

そして、話を振られたAさんは、まるで水を得た魚のように語り出すのです。

つまり、**みんなが本音でつき合うためには、優れたインタビュアーが必要なのです。**

インタビューと言うと、特別な仕事をしている人の対話術と思われがちですが、そんなことはありません。基本的に人と人との会話というのは、いま相手が何を考えているかを察して、その思いを促すように導くことで成立しています。

したがって、グループ内の会話が、誰かの一人舞台になっているな、と思ったら、タイミング良く合の手を入れて、次の人に振る。あるいは自分の意見を言う。これはまさしくグループインタビューの手法と同じです。

また、これまで黙っていた人が話し出すと、新しい発見もあります。

「なんだ、Aさんはいつもあまり話さないから分からなかったけど、面白いネタを持ってるじゃない」そんなムードになれば大成功。会話は大いに盛り上がり、何よりAさんが喜ぶことは間違いありません。

観察力、頭の回転、アドリブ力

前項で記したように、グループのみんなをもれなく会話に引き込むインタビュアーになることは、決して簡単なことではありません。もしかすると、自分の話を大勢の人に聞いてもらうことより難しいかも知れません。

自分の話に注目してもらうだけなら、ある程度のネタと話術があれば誰でも出来るといっていいでしょう。

聞いている人が自分の話に耳を傾けていることが分かれば、話している本人も気持ちがいいわけで、ちょっとした陶酔状態に入ります。もちろんそんな状態の人は、周りに気をつかうこともありませんし、仮に、グループの中の一人、二人が「ああ、話が長いな」と思っていたとしても、そんなことはお構いなしです。

一方、**自分は会話の中心になるわけでもなく、あくまでも黒子に徹して全員を参加させようとする人には、俯瞰的に「場の空気を読む」という気づかいがあります。**

「あの人は話についてきてないな」とか「話したいのにきっかけがつかめないんだろうな」とか。常に全体を見渡して、タイミング良く的確な言葉を投げかける。つまり、大局的な観察力に、頭の回転の速さ、アドリブの利く機転が必要になるのです。

しかも、それをしたことで誰がほめてくれるわけでもないのです。

私の友人にも、まさにこうしたことが得意な人がいますが、彼いわく「性分なのだ」ということです。

誰から頼まれるわけでもないし、期待されているとも思わない。もしかするといらぬお世話かも知れないけれど、つい、周りの様子を窺《うかが》ってしまうのだと。

「そんなに人のことばかり気にしていて、自分はつまらなくないの？」

当然、そんな疑問が生まれるでしょう。

しかし彼は言います。

「みんなが楽しんでいる顔を見るのが好きだから」と。

冒頭で記したように、その場の全員を会話に引き込むのは誰にでも出来ることではありません。ただ、会話の中で時折、「全員がこの会話を楽しんでいるかな」と気にかけるくらいは出来るはずです。

自分を笑い飛ばせる人が周囲を和ませる

テレビバラエティの世界では「いじられキャラ」が人気だそうです。

特別な芸を持っているわけではないけれど、その人の「やることなすこと」が面白い。

中には、いささか「やり過ぎ」のものもありますが、こうした現象を心理学の側面から見てみると「なるほどな」と思うところがあります。

最近よくテレビに出ている、具志堅用高さん。

いまはすっかり「ちょっとおかしなオジサン」という風情を演じていますが、皆さんは彼の華やかなボクサー人生をご存じでしょうか。

「100年に一人の逸材」と言われ、WBA世界ライトフライ級のチャンピンを13度も防衛。そのファイトスタイルは「カンムリワシ」というあだ名がつくほど激しく攻撃的で、「狙った獲物は絶対に逃さない」というファイトスタイルで日本中を興奮させた天才ボクサーだったのです。

その具志堅さんが、若いタレントさんの中に混じって、おかしなことを言っては笑いものにされている。彼の現役時代を知るボクシングファンには歯がゆい思いをしている人もいるようですが、それはひとまず横に置き、私は彼のサービス精神が本当に素晴らしいと思います。

現役時代の雄姿を知らない若い世代は、具志堅さんの一言一言に突っ込みを入れて笑いものにします。そんな扱いを受けても、それをニコニコと笑っていられるところが素晴らしい。「馬鹿にされた」などと思わずに「喜んでもらえた」と思えるのが、彼のサービス精神に富んだところ。だからこそいまなお、人気者でいられるのです。

もし彼が、若い人の突っ込みに、「いいかげんにしろよ。オレは世界チャンピオンだったんだぞ」といった態度をとれば、突っ込みを入れた人も気まずい思いをするでしょうし、何よりその場がシラケてしまいます。

具志堅さんは、「いま自分はボクシングを引退して、テレビタレントとしてこの場にいるんだ」ということをしっかりわきまえているのでしょう。だからこそ、若い人から何を言われようと、「まいったな」と言いながら一緒になって笑っているのです。また、そうした人こそが、周囲を和ませてくれる「つきあいやすい人」だと思います。

「マメさ」が生きる条件とは？

パソコンを開いて、メールチェックをしたら、

「今日は誕生日ですね。おめでとうございます」

そんなメッセージが届いていたら、誰だって嬉しいはずです。

仮にそれが、さほど親しさを感じていなかった人からのメッセージであったとしても、そのことをきっかけとして、急に距離がちぢまったように感じるのではないでしょうか。

相手からのたったひと言の気づかいが、相手に対する感じ方を180度変えさせてしまうこともある。特にそれは、自分ではまったく意識していなかった「不意の出来事」の場合に多く見られる現象です。

逆に、かすかにでも期待していた人から、気づかいのメールが届かなかったとしたらどうでしょう。

その失望感たるや、そうとう大きなものがあるに違いありません。

人の「マメさ」の効果とは、つまりそういうことです。

実際にやることは大したことではないのです。1行のメールを打つことなど1分もかかる作業ではありません。

ただそれを「するか、しないか」で、相手に与える印象は大きく違ってくるのです。

日本で活躍する、あるイタリア人タレントが、「なぜイタリア人男性はモテるのか」という質問に対してこんなふうに答えていました。

「女性の気持ちを敏感に察して、小さなアタックを繰り返すから」と。

つまり、彼らも生まれつき「モテる才能」があるわけではなく、観察力を持って、小さな努力の積み重ねることによって、「プレイボーイ」の名を恣《ほしいまま》にしているのです。

ただ、**「マメさ」の度合は、「自分がされて嬉しいか」という尺度で考えるべきです。**

たとえば、たいした用事もないのに、一日に何度もメールを送られたり、電話をされたのでは、「迷惑」以外の何物でもありません。

マメであることは、人との関係を築く近道であることは間違いありませんが、スマートであることが肝心。マメな気づかいをサラりとできる人には親近感を覚えますし、「この人とは長いつき合いをしたい」と思わせてくれるものです。

「打ち明け話」で距離がちぢまる

本質的に人間というのは、人の秘密を知りたがるものです。

週刊誌の電車の中吊り広告では、「（誰それの）秘密を暴いた！」というスクープ記事の見出しを大きく打ち出し「買ってみようか」と思う気持ちを煽《あお》っています。

仮にそれを知ったところで、何か得するわけではありませんが、人はなぜか、「隠された真実」というものに気をひかれるものです。

中には、「野次馬根性」とバカにする人もいるでしょうが、「真実を知りたい」という願望は、人の成長をスピードアップさせる「心のエンジン」という解釈もできるでしょう。

そんな好奇心旺盛な人でも、突然人から秘密を打ち明けられると戸惑ってしまうものです。

「実はオレ、経理の○○さんのことを好きになってしまった」

「え、マジかよ。で、言ったの」

「言えるわけないじゃん。だからオマエに聞いてもらおうと思って……」

などといった打ち明け話です。

実はこの状況、打ち明けられた方の気持ちは、まんざらでもありません。

人は誰でも個人的な秘密を持っていて、それをこっそり人に打ち明けると、相手から好意を得られることが心理学の研究で立証されています。

秘密を打ち明けられるということは、それだけ自分のことを「信頼してくれている」ということ。「こりゃあ、こっちも真剣に相談に乗らなきゃならないぞ」と思うわけです。

こうした心理状態を上手に活用すれば、互いの距離は一気にちぢまり、親しい関係を築けることは間違いありません。

ただ、気をつけたいのは、打ち明ける内容が重すぎないこと。

それまでさほど親しくなかった人に、

「実はオレ、昔問題を起こして、少年院に入っていたことがあるんだ」

などといった過去の秘密を話したのでは、相手はどう反応していいのか分かりません。

やはり打ち明け話の内容は、秘密を共有することに「楽しみ」が感じられて、その話に相手も意見できるようなものを選ぶべきです。

「言った、言わない」を避けるコツ

「言った」「言わない」でケンカになる。

誰でも一度は経験があるはずです。

「オレ、6時って言ったよね。なんでこんなに遅れたの？　遅れるなら途中でメールしてくれればいいじゃない」

「6時半って言ってたわよ」

「なに言ってんの。オレは6時って言ったよ。ぼやっとしてたんじゃないの」

「ぼやっとって……ずいぶん失礼なこと言うじゃない。だったら最初からメールにしてよ。たった30分くらいのことで、なんでそこまで言われなきゃならないのよ」

「は？　たった30分って……」

街中でしょっちゅう見かけるカップルのやりとりです。そしてこの二人、おそらくこの日のデートは台無しでしょう。

映画を観る約束があったかも知れないし、美味しい食事をしようと思っていたのかも知れません。でも、会ったとたんにこの手の言い合いをしてしまったら、何をしても面白くないし、何を食べても美味しいはずがありません。

実はこの、「言った言わない論争」には、正解がありません。

確かにどちらかの言う時間が正解には違いありませんが、互いに「自分が正しい」と思い込んでいる以上、留守番電話やメールの記録が残っていない限り、「ほらね」と相手の思い込みを正すことが出来ないからです。

また、仮に正せたとしても、お互いに決定的な一言を言ってしまった後では気まずい思いが残ってしまいます。

これを回避するには、**互いの関係が怪しくなる前に、どちらかが譲歩することです。**

この場合なら男性が譲歩したいもの。

「6時半って言ってたじゃない」と言われた時点で、「え、そうだっけ。6時って言ったつもりだったけど、オレの方が勘違いしてたかな」と、折れることが出来れば、この不毛な会話はそこでおしまい。後味の悪い思いもせず、相手からも「大人だな」と思ってもらえるでしょうし、そう思わない相手なら、つきあいを考え直した方が良さそうです。

「プチ太鼓持ち」になって相手を立てる

「太鼓持ち」という言葉をご存じでしょうか。

若い人にはあまり馴染みのない言葉かと思いますが、落語が好きな人なら「ああ、あのことね」と合点がいくはず。お金持ちの若旦那にゴマをすり、なんだかんだ言いながら、ちゃっかり得をしてしまう遊び人のことです。

まあ、落語の噺《はなし》の中では、あまりいい扱いをされない太鼓持ちですが、こと私たちの周りでは、こうした「太鼓持ち的」な気質を持った人が案外人気者になっています。

「人にゴマをすって、口先だけで生きているようなヤツなんて信用できない」という一本気な人は、ちょっと考え方を改めた方がいいかも知れません。

ゴマをするとか、口先だけでと言ってしまうといささか誤解を与えてしまうかも知れませんが、要は、相手の心理を読み、相手をちょっとだけ気持ち良くしてあげる、そうしたタイミングやコツを心得ていると、円満な人間関係や仕事の成功につながります。

逆のことを考えればよく分かります。ゴマの一つもすれずに、思ったことをストレートに口にする人は、どこかとっつきにくく、愛想がないイメージがあるはず。そうした人とは、あまり仲良くしたくないと、私だったら思います。

では、相手をちょっと気持ちよくする、基本的な四つのパターンを紹介します。

①相手の話に**「それは素晴らしいですね。驚きました」**などと感嘆してみせる。この一言が相手の自尊心をくすぐります。

②相手の意見に**「その通りですね。実は私もそう思っていたんです」**と同調する。可能ならば、**事前に相手の立場や考えを調べておき、会った時に「私はこう考えているんです」と先手を打って、相手と同じ意見を言えば効果は倍増します。**

③相手の様子を観察して、「手伝いましょうか」と積極的に申し出る。こうした気づかいは相手の心を打ち解けさせ、喜ばれます。

④**自分を一段下に置き、「私などまだまだですので、勉強させてください」といった態度を示す。**そうした態度をとることで、相対的に相手を持ち上げることになります。

これらのパターンを状況に応じてさりげなく使いこなせれば、相手との距離は一気にちぢまり、あなたは誰からも喜ばれる「プチ太鼓持ち」になることができます。

趣味をほめられれば誰でも嬉しい

週末のゴルフコンペで、念願のシングルプレーヤーになった課長。

「いやあ、オレなんて遅いくらいだよ。なにせ10年やって、やっとだからな。それにパットも安定してないし、まだまだこれからだな」

などと、口では謙遜しながらも、普段は気難しい課長が、いつになく嬉しさを隠せない様子です。

そんな時こそ、プチ太鼓持ちになって、思い切り持ち上げてあげるべきです。

「すごいじゃないですか！　ゴルフって興味あるな。今度教えてくださいよ」

10年もの間シングルプレーヤーになれなかった人に教えてもらって、果たして上達するかどうかは甚だ疑問ではありますが、少なくとも、その日の昼食は課長のおごりになることは間違いないでしょう。ただし、長々と自慢話を聞かせられることは覚悟しなくちゃなりませんが……。

ともあれ、**人は誰でも、自分が熱中していることをほめられると嬉しいもの。親しくなるきっかけづくりは、ここを突くに限ります。**

ただし、こんなほめ方は禁物。

「毎日ゴルフ雑誌を読んでいらっしゃいますものね。やっぱり普段のそうした努力が実を結んだんでしょうね。これからも頑張ってください」

自分の部下からそんなことを言われたら課長は面白くないでしょう。

「仕事もしないで、毎日ゴルフ雑誌読んでるって意味？」と取られかねません。

余計なひと言は逆効果。憶測でものを言ったり、触れられたくないところを突かれたりすれば、せっかくの歩み寄りのチャンスが台無しになってしまいます。

そもそも、「ほめる」とか「励ます」という行為は、上の者が下の者にするのが原則。

この原則はしっかり心にとめておきたいものです。

また「頑張れ」という励ましの言葉も本来は、上の者が下の者に使うのが原則です。最近はこの垣根が低くなっているようですが、**上司をほめたり励ましたりする場合は相当な気づかいが必要。ただし、それがうまくはまれば、上司との距離は一気にちぢまります。**

口ベタでも言葉より「同調」で親しくなれる

話題が豊富で、話の上手い人の周りには、多くの人が集まります。いわばこれが、一般的な人気者の条件と言うことができるでしょう。

ならば、口べたな人は人気者になれないのか。人にいい印象を与えることが出来ないのかといえば、決してそんなことはありません。

そもそも口べたであることは決して恥ずかしいことではありません。また本人が気にしているほど周りの人は気にしていないもの。むしろ、口数が少ないぶん、人の話にしっかりと耳を傾けてくれる「ありがたい存在」と見られているはずです。

とはいえ、「自分は口べただから話が上手くない」と思っている人には、それが劣等感になって辛い思いをしている人が多いようです。

そうした人は、心理学でいう「自己同調行動」を活用してみましょう。

これは「表情」「動作」「しぐさ」などで自分の感情を表現するというものです。

たとえば、「こんにちは」という挨拶や、「ありがとう」というお礼の言葉を言う時は、笑顔を添える。人の意見に同意する時は、あいづちを打ちながらうなずいてみる。そうした癖をつけることで、活発な心の交流が生まれます。

さらに、相手のしぐさや言葉に同調する「相互の同調行動」も人にいい印象を与えます。相手が笑顔で「頑張ってね」と言ってくれたら、こちらも笑顔で「頑張るよ」と答える。「これからよろしくね」と頭を下げてきたら、こちらも「こちらこそよろしくどうぞ」と、やはり頭を下げる。

いわば、**相手のしぐさや言葉を「おうむ返し」するだけでも、口先だけの言葉より相手に与える印象は大きく違います。**

初対面の人同士で、しばらく雑談してもらうという心理実験があります。ただし一方は意図的に相手のしぐさを真似ながら話をする。すると、真似されていた人はそのことに気づくこともなく、相手に対して好感を抱きやすいことが分かりました。

この実験で、**人にいい印象を与えるには、雄弁に語るのではなく、むしろ対話の中に挟《はさ》みこむ「同調のしぐさ」こそが大事。つまり、人と仲良くなるためには、多くの言葉は必要ない**ということが立証されたのです。

あいづち一つで会話は弾む

優秀なニュースキャスターは、総じて「あいづち」の入れ方が上手いものです。

生番組などで専門家をゲストに迎えて話を聞く時、「分かりやすいな」「会話が弾んでいるな」と感じる時、ほとんどの場合、キャスターが絶妙なタイミングで、無駄のないあいづちを入れています。

心理学では、人と話をしている時は、

「はい」

「いいえ」

「なるほど」

「そうだったんですか」

「よく分かりました」

など、盛んにあいづちを打ったり、うなずいたりするほど、相手から好意的に思われることが分かっています。

「私はあなたのことを理解していますよ。だからもっとあなたの話を聞きたいんです」というメッセージであり、言葉でなくても相手の自尊感情をくすぐることができるのです。

人は誰でも、「尊重されたい」とか「好意的に受け入れられたい」という願望を持っています。この自尊感情が、あいづちやうなずいたりすることでくすぐられ、相手はますます雄弁になって、普段言えないで我慢していたようなことや、胸の中に秘めていた本音を話し出すものなのです。

これは後に記す「話し上手より、聞き上手」とも関連することですが、口ベタで話すのが苦手な人というのは、なんとかして「話し上手」になろうと頑張ります。しかし私は、話し上手になろうと努力するより、聞き上手になるよう気づかう方が楽しみは大きいし、人から喜ばれるように思います。

聞き上手な人は信頼され、多くの人が話しかけてきます。

そこで上手いことが言えなくても、タイミング良くあいづちを打ち、愛想よくうなずきながら向き合えば、相手はあなたを信頼し、たくさんの情報を仕入れることができる。そして何より、その人と親しくなれるのです。

「ごめんなさい」は先手必勝！

ケンカをした。でも、頭も冷えて、冷静に考えてみると自分にも悪いところは確かにあった。なんだかこの冷戦状態がキモチ悪い。

でもやっぱり、きっかけをつくったのは相手の方。こっちから連絡するのは筋違いだし、なんだか癪だし……。

そうしたことを考えているのは、実に不毛な時間です。

ほんとうは分かっているのです。つまらない意地を張らずに、自分から「悪かった」と譲歩しまえばすべては解決するということを。

でも、それが出来ない。相手からの謝罪がなければ、どうにも気持ちがおさまらない。相手が動くまでは、こっちから動いてやるものか！

こうした人は、かなりの人間関係オンチです。

相手があやまってこないなら、自分の方から「あの時は、すまなかった」と先手を打ってあやまれば、それですべては解決するし、相手の方も「これは一本取られたな」と思い、あなたに対する評価は上がります。こうした場合は「先にあやまったもの勝ち」です。

これは友だち同士のケンカに限らず、職場での人間関係にも言えることです。

部下に信頼される上司というのは、必ずしも優しいだけではありません。部下の態度や仕事に取り組む姿勢次第では、厳しい叱責や、冷たく突き放す場合もあります。

しかし、その後のフォローが違う。このフォローでみんなやられてしまうのです。

たとえばあなたが、上司からこっぴどく叱られたとしましょう。しかも、かなりキツイ調子で叱責され、家に帰っても食事も喉《のど》を通りません。「やっぱりオレって、使えないヤツなのかな」と。そこに、あなたを叱った上司からメールが入ります。

「今日はちょっと厳しく言ったが、期待していると思って、あまり落ち込まずに、また明日から頑張ってくれ」と。

こんなフォローがあれば、「また頑張るか」と思えるはずです。

誰でも感情的になれば、心にもないことを言って、人を傷つけてしまうものです。ただ、**その後にどうふるまうかで、その人の印象も変われば、つき合い方も変わるのです。**

信頼される人は安易にほめない、けなさない

そこにいない人の悪口を聞くのは、あまり気持ちのいいものではありません。

悪口を言っている人と、言われている人の間に、どんな行き違いがあったのかは分かりませんが、それは当人同士のこと。事情を知らない第三者としてみれば、いかにも居心地の悪いものです。まして、同意を求められようものなら最悪です。

百歩譲って、相手がしょっちゅう悪態をついている「犬猿の仲」であれば「また何かあったのか」とあきらめもつきますが、つい最近まで、「あの人は素晴らしい人だ」と絶賛していた人のことを、まるで手のひらを返したように罵《ののし》るのは、やはりちょっといただけません。

人の好き嫌いが激しい人というのは、その人のことをよく知っている人からすると、時として「愛すべきキャラ」とも思えますが、それほど親密な仲でない人から見ると、「つきあいにくい人」「わがままな人」と思われます。

一方、**安易に人をほめたりしない人は、「あいつはダメなヤツだ」とけなしたりするようなこともしません。**いわば感情の起伏が安定した人と言えるでしょう。

ただ、見ようによっては、感情の起伏が安定した人というのは、「面白みに欠ける人」とも思われがち。インパクトに欠けるため、最初はとっつきづらさがあるのです。

恋愛などでも、「好きな人が出来た！」と言って大はしゃぎしていたかと思えば、「やっぱり最低の人だった」と言ってさめざめと泣いている。そんな人の方が、人生がバラエティに富んでいて可愛げがあるようにも思えます。

ただ、感情の起伏が安定した人というのは、瞬発的な可愛げには欠けるものの、多少のことがあっても人に対する評価を変えないため、言動を信用することが出来ます。結果、いろんなタイプの人が集まってきて、長いつき合いの友人も増えていきます。

だから、そうした人が怒った時は説得力があります。

「普段おだやかなあの人が怒るんだから、よっぽどのことがあったんだろう。これは怒らせた方が悪いな」と。

つき合いはじめた頃は「もうちょっと喜怒哀楽を出してくれないかな」と思われるくらいの人の方が、何かイヤなことがあった時に事情を理解してくれる仲間が増えるのです。

2章のまとめ

- □ 好かれるのは、自分のためでなく、「皆のための気づかい」
- □ 話の振り方が上手い人の「空気の読み方」から学ぼう
- □ 「いじられキャラ」は自分を笑い飛ばせるから人気がある
- □ イタリア人の「好かれるマメさ」は、観察力が源である
- □ ときには「打ち明け話」も効果的
- □ 「言った、言わない」になってしまったら「譲った者勝ち」
- □ 時間、お金、愛情を注ぎ込んでいるものをほめられれば、誰でもうれしい
- □ あなたの「同調のしぐさ」を相手は見ている
- □ 好かれる人は簡単に人をほめないし、けなさない

この章で気づいたこと

3章
職場でがぜん評価が上がる〝とっさ〟のふるまい

サービス精神を発揮して人気者になる

「アイツ、ほんとにサービス精神が旺盛なヤツだよな」

そんなふうに噂される人は、たいていの場合、職場の中でも人気者です。

その人がいると、少々うるさいのは玉にキズだけれど、なんとなく職場が明るくなったり、和《なご》んだり。また、みんなが疲れている時に、ちょっとしたジョークを言って活気を取り戻してくれたり。

仮に、仕事においては重要な戦力にはならなくても、「やっぱりアイツは欠かせない存在だな」と思われる存在ではないでしょうか。

特に若い人は、仕事の出来不出来に一喜一憂するよりも、まずはそんな「職場のアイドル的存在」を目指すべきでしょう。

上手に気づかいができる人もまた、「サービス精神」に満ちた人です。

たとえば職場に、一人で仕事を抱え込んでいる人がいれば、それが誰であっても「手伝

おうか」と、必ずひと声かけられるような人は、やはりみんなから信頼されます。

またそうしたタイプの人は、人から相談もされやすく、打ち明け話をされることも少なくありません。

こうした人のことを心理学では**「オープナー」**と呼び、裏表がなく、下心が感じられず、感情の起伏が安定しているため、その「ぶれない姿勢」に信頼が置けて、みんなから好かれるのです。

もとより、「サービス精神」とは、ある種の「迎合行動」であり、相手から「良く見られたい」「いい印象を与えたい」という内なる気持ちの表れです。

したがって、それがあまりに露骨なものだと嫌味になります。

上司にはいい顔をしているけれど、同僚には気づかいゼロというのでは、サービス精神に「一貫性」がなく、不評をかう原因になります。

また、いくらサービス精神を発揮したところで、それがすぐに認められて自分が得をするわけではありません。サービス精神には軽い意味での「自己犠牲」が伴うのです。それを心得た上で、「相手のために、何かしてあげよう」という気持ちを常に持ち続ければ、やがて周りはあなたを認めてくれるはずです。

仕事の質とスピード、どちらを優先するか

課長から「1週間後のプレゼンに向けて企画書を完成させろ」と言われました。

あなたは、どちらのスタイルで仕事に取り組むのが正しいと思いますか？
1．まるまる1週間かけて、完璧な企画書を仕上げて提出する
2．完璧とは思えないけれど、3日で企画書を仕上げて提出する
結論から先に言えば、ビジネスにおいては、2番目の「完璧ではないが、とりあえず3日で仕上げてしまう」という方が正しい仕事のしかたです。

その理由は、**1の方は、気づかいの矢印が「自分」に向いています。**

つまり、「下手なものを出して評価を落とされたくない」という気持ちから、1週間をフルに使って、自分が納得できるものを提出したいという発想です。

しかし、「完璧である」と思っているのは本人であって、事前にチェックする課長や部長が「完璧だ」と思うか否かは分かりません。

ここで「違うんじゃないか」という意見が出たら、プレゼンには間に合わなくなってしまい、結果的に「不完全な企画書」を提出することにならざるを得ません。

一方、3日で仕上げた企画書は、ところどころに穴があったとしても、修正をかける時間は十分に残っています。

二度、三度と徐々に企画の内容を詰めていって、1週間後のプレゼン日に帳尻を合わせることができれば「完璧な企画書」として提出することができるのです。

つまり、**2の方は、気づかいの矢印が「仕事全体」に向いています。**

ただこれは、「最初から完璧なんてありえない」という、ある種の諦めや謙虚さが現れた仕事のしかたとも言えるでしょう。

もちろん、最初から「完璧なものを目指そう」という心構えは大事なことです。

むしろ、「どうせ何か言われるんだから」と諦め半分な気持ちよりも、仕事に向かう姿勢としては素晴らしいと思います。

ただ勘違いしてはならないのは、仕事で気をつかうというのは、「自分の完璧＝部分最適」を目指すのではなく、「仕事の成功＝全体最適」を目指し、最終的には、収まるべきところに収めることが肝心。そのためには質よりスピードを重視すべき時もあるのです。

大事な話をメールでする人、会って話す人

電子メールの普及は、仕事を革新的に効率化させたことは間違いありません。

その一方で、職場のコミュニケーションが希薄になってきていることも事実です。

会社内のすべての伝達事項は、社内のイントラネットで回覧して、各自が任意に目を通し了解しておくこと、といった会社は少なくありません。

さらに驚くべきことは、職場で隣り合わせの人に何かを伝えようとするにも電子メールを活用し、上司にCCをかけておくことを、「情報の共有」を名目として、義務化している企業もあります。

また、電子メールで物事を伝達するのは、実に気楽です。

たとえば、話したい相手がちょっと苦手である場合などは、直接会って話をしたり電話で話したりするより、電子メールの方が気持ちはずっと楽です。

ただし気持ちは楽でも、思いが相手に正しく伝わっているとは限りません。

むしろ、話しにくい相手こそ、顔を合わせて話すことで仕事がうまく運ぶ場合も少なくありません。

あなたが「苦手だな」と思う人は、実は相手の方も、そんなあなたの感情に、うすうす気づいているはずです。

したがって、**話しにくい内容を電子メールで伝えられれば、「ははあ、弱気になってるな」と逆に揚げ足を取られてしまうことにもなりかねません。また、「気持ちがこもっていない」と指摘を受ける場合もあるでしょう。**

つまり、電子メールでは、ビジネスコミュニケーションの基本となる「腹を割る」ことができないため、いつまでたっても外面ばかりの付き合いになってしまうのです。

これは、社内であれ、社外であれ同じことです。

昔からの言い伝えに「営業は靴の踵《かかと》をへらして、足で稼ぐもの」というものがありますが、その言葉は今でも十分通用します。いつの時代であって、どれだけ便利な時代になろうとも、人は生の言葉にしか心を動かされません。

人が汗して行動し、身振り手振りで一生懸命話す言葉にこそ、相手は耳を傾けるもの。美辞麗句をいくらメールで飛ばしてみても、それはすぐにゴミ箱行きになってしまいます。

「なわばり」づくりで自分を気づかう

「就職難民」などという言葉があるいま、せっかく入った会社なのに、わずか一年以内に辞めてしまう若者が急増しているといいます。

ひと昔前なら「何を甘えているんだ。辛抱がたりないんじゃないか」と一刀両断でしたが、近ごろの事情は、どうやらそう単純なものでもなさそうです。

彼らに共通しているのは「自分の居場所が見つからない」、いわば自分の「なわばり」を持てなかったということが原因のようです。

新しい環境や人に馴染もうと、自分のことは二の次に考えて、周りの人たちに合わせようと懸命になる。ところが、そうやって「早く気に入られたい」、「受け入れてもらいたい」と頑張れば頑張るほど人に振り回されてストレスが溜まっていく。結果、精神的に不安定になって五月のゴールデンウィークが終わることには早くも力尽きて、「会社なんて行きたくない」ということになってしまうのです。

このやっかいな「五月病」を回避するためには、周りの人に受け入れてもらおうとする努力や配慮も必要ですが、**まずは、その場所を「自分にとって居心地のいい場所」にする努力も大事です。**

そのために行いたいのが「自分のなわばりづくり」です。

たとえば、自分のパソコンを立ち上げたら、お気に入りの車のスクリーンセーバーが起動する。デスクマットに愛犬の写真をはさんでおく。あるいは、職場の近くに行きつけの店をつくるなど。

どんな些細なことでもいいのです。**「職場」という人の集いの中で、気持ち良く、また自分らしく過ごすことのできる「なわばり」があれば、心が病んでいくことはありません。**

大勢の人と接する環境において、なわばりがないと私たちの心は安定しません。電車の中で本を読んだり、イヤホンで音楽を聴いたりするのも、「なわばり行動」の一つともいえます。自分だけの世界をつくり出し、心の安定を得たいという気持ちの表れなのです。

なわばりをつくると孤立してしまうように思うかも知れませんが、それは逆です。会社であれ学校であれ、地域社会であれ、「なわばり」があった方が人間は信頼し合えるものなのです。

「なわばり」が職場での絆をつくる

入社そうそう、会社のデスクに愛犬の写真がペタペタと……自分のなわばりをつくることが大事なのは分かったけれど、「新人のくせして、職場をプライベート化するなどけしからん！」と上司からひんしゅくを買って悪い印象を与えてしまうのでは、と心配する人もいるのではないでしょうか。

そうした心配は必要ありません。

むしろ、**「なわばりづくり」をすることは、あなた自身の人間性や、趣味、志向を知ってもらういいチャンス。周りの人たちに安心感を与える気づかいでもあります。**

そもそも、いかに会社とはいえ、人が集う場所というのは人と人との関係で成り立つものです。そのためには、その人物の人となりがわかるデータが必要です。もちろん、人事部から回ってきた応募書類から、生年月日や卒業した学校など最低限のデータは分かるでしょうが、今度入った新人が「どんな人物なのか」までは知ることが出来ません。

そうしたところに、なわばりをつくって、プライベートな一面をチラリと見せることで、あなたがどんな人かが見えてきます。

「ああ、今度の新人は犬を飼っているんだな。自分のデスクに写真を貼るくらいだから、よほどかわいがっているんだろう」と。そんな小さなところからコミュニケーションのきっかけが生まれるものなのです。

会社というのは、仕事のことだけを話す場ではなく、仕事のことだけを考えている人ばかりでもありません。事実、先輩たちのデスクを覗《のぞ》いてみれば、ゴルフ雑誌や車のカタログを忍ばせている人もいるでしょうし、おもむろにアイドルの写真を飾っている女子社員だっているはずです。

そんなところから、あなた自身もその人となりを知るきっかけとなり、対話や絆が生まれていくのです。

職場の中で「なわばりづくり」ができるというのは、心にゆとりがある証です。

仕事一辺倒で目くじら立てて、いつも慌ただしくしている人よりも、忙しくはあっても心にゆとりを持ちながら働いている人の方が好感が持てるはず。それは、新人社員であってもベテラン社員でも変わりありません。

エリート意識の強い上司には数字でプレゼンする

職場の人たちにプライベートな一面を知ってもらって、なんとなくあなたという人の横顔を、周りの人も理解し始めた。普段の会話も上手くいっているし、共通の話が出来る人も増え、会社に行くのが楽しみにもなった。

とはいえ、趣味や飼っている愛犬の話をしているだけであなたの評価が上がるわけではありません。会社で評価されるのは、あくまでも仕事ぶりです。

そこに介在する最も厄介なハードルが、上司とのコミュニケーションではないでしょうか。

人の性格は十人十色で、「こう接すればいい」という万人に共通したセオリーはなく、その人の性格や思考スタイルに合った接し方をする必要があります。

たとえば、難関大学出身でエリート意識の高いタイプの上司。

このタイプには、論理的な思考を重んじる人が多く、企画を提案する場合でも「最近は、こんなものが流行っているので」とか「いまの感覚にマッチしているので」といった、イメージ先行の提案では納得させることは出来ません。

こうしたタイプの人は「感性」とか「センス」というあいまいな言葉を嫌い、「数字」を重んじる傾向にあります。したがって、感覚的なもの言いをしていると、「もっと具体的な数値を出せ」「それを証明する論理的な裏付けはなんだ」などと突っ込まれて終わりです。

もしあなたが、論理的に物事を考えるのが苦手なら、他の人の論理を応用すればいいのです。インターネットで、その事案に関する文献や情報を片っ端から検索して、「○○の研究報告にこういうデータがありました」、「××の調査によると20代女性の半数以上が好感を持っています」など、自分の提案を後押ししてくれるような説得力のあるデータや理論を添える気づかいがあれば、ポイントが上がります。

また、エリート意識の強い人は、権威を信用する傾向にあるため、大手調査会社のデータや有名大学の研究発表などは納得する可能性がきわめて高いでしょう。

新人時代は仕事を「カン」で進めることは危険です。こうした上司の下につくというのは面倒である反面、自分の成長にもつながる場合もあります。

叩き上げの上司にはやる気を見せる

「とりあえず、私にやらせてください！」

と、あなたがやる気を見せたところで、

「やるのは結構。しかし、そこに成功するという裏付けはあるのか」

と、論理的に迫るプライドの高いエリート上司とは逆に、「よっしゃ！　やってみろ」と即答する上司もいるはずです。

そうしたタイプの人には、現場で実績を積み上げてきた叩き上げが多く、データや論理を「理屈は後回しでいい」と切り捨ててしまう。万時において、企画書よりも熱意と誠意。メールよりも直接会って話すことを好みます。

そして部下の育成に関しても、自分が長年培ってきたカンや判断力を重視して、「習うより慣れろ」の精神で現場での経験を積むことを奨励します。

したがって、失敗を恐れずにチャレンジしようという部下を好み、「やらせてほしい」

という強い思いを率直に表現すると好感を持たれます。

そんな上司との接し方は、

「こういうふうにやろうと思っていますが、どうでしょう？」と具体的な方向性を示した相談をすれば、「それも悪くないが、あのクライアントは企画の第一印象で決まってしまう場合が多いから、この部分を先にして……」と、的確なアドバイスが返ってきます。

ただしこうした上司は、酒の席でも仕事の話になりやすいのが玉にキズ。

「オレたちの頃なんて、もっと厳しい状況だったぞ。1年間、毎日顔出してようやく小さな案件を受注したんだからな……」などと、昔話や自慢話を長々と聞かされることも多いでしょう。

しかしそこで、

「そんな話を聞かされたって、僕らには分かりませんよ」

「その話、前にも聞きました」

と、話の腰を折るのは厳禁。

「大変だったんですね。課長たちのそうした苦労があったから、今僕らが仕事させていただけるんですね」と、相手の一人舞台を寛容する気づかいが肝心です。

プライドだけが高い上司はひとまず持ち上げる

「この上司、プライドばかり高くて、ホントに仕事が出来ないな」

部下にしてみると、こうした上司はもっとも手に負えないタイプですが、残念ながらこの手の人はどこの職場にもいるようです。

心理学では、**「自尊感情（セルフ・エスティーム）」というものがあります。**

自尊感情とは、自分自身を価値があるものとする感覚のことです。

先に挙げた「エリートタイプ」と「叩き上げタイプ」は、「自分は仕事が出来る」という自負心を持っており、それを周囲が認めていることも知っているので、「自分自身の評価」、「他人からどう見られているかの評価」のどちらの軸も高いことになります。

この両者のような、**自尊感情の高い人は、根本的なところで自分に自信を持っているため、ミスをした時でも「オレが間違っていたな」と思えば、案外素直にそれを認めることが出来ます。**

しかし、**自分の能力以上に「人からもっと評価されたい」、「いま以上に評価されるべきだ」と思っている人は、自分の評価が下がるようなミスは認めず、自分に対する相手の態度やふるまいを必要以上に気にします。**

こうした上司に対して、少しでも「偉そうにしやがって。たいして仕事もできないくせに」という態度をとってしまうと、他人の評価に敏感な相手だけに、その本心を察知されてしまう恐れがあります。

反面、プライドを損ねないように持ち上げてさえいれば、操縦するのはさほど難しくないタイプでもあります。

日ごろは「はい、はい」と素直に聞き、従順な態度をアピールしておく。そして、いざ自分の意見を通したい時は、「○○課長なら、この企画の意図は分かってくださると思いますが……」などと、まずは相手のプライドを刺激しておいて、反対意見を言いにくい雰囲気に持っていくのです。

友だち感覚の上司には上手に甘える

どんな人間関係においても、甘え上手は人から好かれます。

これは職場の上司と部下の関係も同じことで、特に、部下や後輩に上司ヅラすることなく、友達感覚で接してくる上司には、上手に甘えることが出来れば好感を持たれるでしょう。

友だち感覚の上司というのは、往々にして出世にもほとんど興味がなく、部下に対しても「今日はちょっと二日酔いで」などと平気で言えてしまうタイプ。時には頼りにならない印象を受けることもありますが、根が正直な性格でもあるため、いざという時は部下をかばってくれるようなところもあります。

こうしたタイプの上司には、相手のノリにできるだけ合わせて、
「課長、今日仕事が終わったら、一杯行きましょうよ」
などと懐に飛び込んでいくと、「お、こいつは話せるヤツだな」と好印象を得られます。

そしていったん気に入られると、仕事の面でもいろいろと便宜を図ってもらえるはず。

「出来るヤツ」より、「話せるヤツ」がアピールポイントとなるのです。

そもそも上司というのは、「仕事が出来る」、「出来ない」だけで部下を評価しているわけではありません。

とうぜんながら、自分になついてくる部下は可愛いものですし、ひいき目に見てしまうものです。

究極のところで「どちらを選ぶか？」と問われれば、「仕事は出来るけれど、自分になつかない部下」よりも「多少能力は劣るけれど、自分のことを慕ってくれる部下」を選ぶのは、人間として当たり前の感情です。

ただし、部下が上司になつくのは、部下にとってメリットがありますが、その逆はあまりお勧めできません。

自分の部下や後輩との付き合いが、馴れ合いになってくると、厳しい指示や命令が出しにくくなり、内部の空気もだらけてしまいます。

上司も部下も、仕事に集中すべき時は、きちんと気持ちを切り替えなくてはならない。

部下と馴れ合ってしまう上司の下では、いい部下は決して育ちません。

慕われる上司は部下を名前で呼ぶ

ある有名私立中学では、新入生を受け持つ担任は、2日以内にクラス全員の名前を覚え、名前で呼びかけるようにする決まりがあると言います。

自我が芽生え始めるこのくらいの子どもたちは、先生の言葉にとても敏感です。「キミ」と呼ばれるよりも「○○くん」「××さん」と呼ばれた方が、先生との距離を近く感じることが出来る。そうした感情は、学習意欲やコミュニケーションにも大きく影響するのだそうです。

そもそも人は誰でも、「自分を認めてもらいたい」という感情を持っているものです。そして、この感情を満足させる一つの証しが「名前を呼ぶ」という行為。

つまり、この私立中学の先生たちのご苦労は、まさに「的を得た教育」ということが出来るでしょう。

それは、職場の上司と部下の関係でも同じです。

たとえば、部下に朝の挨拶をする場合でも、ただ単に「おはよう」と声をかけられるよりも、「○○くん、おはよう」と、名前を添えて声をかけられるだけで、部下は一つテンションが上がりますし、上司に対する印象も違ってきます。特に、入社して間もない若手社員などは、こうした心の変化は顕著です。

部下の気持ちの中では、

「自分の名前を覚えていて、呼んでくれた」

↓

「自分のことを肯定的に評価してくれているに違いない」

↓

「信頼できる上司だ」

という、心の図式が瞬時にして出来上がるのです。

部下に慕われ、尊敬されている上司というのは、飛び抜けて仕事が出来る上司とは限りません。「○○くん、最近頑張ってるね」とか「××さん、今日は元気がないようだけど、ちょっと無理してない?」とか。相手の名前を添えて、マメに声かけをしてくれる上司や先輩には、部下や後輩たちは親しみを感じ、心を許すものなのです。

自信のない部下を叱る場合は要注意！

相手に恥をかかせないこと。これは、人間関係の基本です。

特に、評価がついてまわる仕事関係では、恥はきわめて重要なファクターであり、細心の気配りが必要です。

たとえば上司が部下を叱る場合。

よく、一人の部下を大勢の前で叱り飛ばす上司がいます。

ひと昔前ならこうしたことも「社員教育」の一環として普通にまかり通っていた時代がありました。いわば、「他のみんなも気をひきしめないと、こうなるぞ」といった見せしめのようなもの。しかし今は、あまり良い叱り方とは言えません。

たとえこうした時でも、自尊感情が高い部下ならば、「私に期待してくれているから叱っているんだ」とポジティブに考えられるし、他人の評価を気にしない人なら、叱った上司を恨むこともないでしょう。

しかし、自尊感情の低い「自信のない部下」を叱る場合は要注意です。

相手が立ち直れないダメージを与えてしまったり、「私にばかりきつく当たりやがって」と逆恨みされることも考えられます。こうしたタイプの部下の逆恨みは根深く、思わぬところで足を引っ張られかねません。

つまり、**「他の社員にとっても重要なことだから、あえてみんなの前で叱っているんだ」という、上司なりの名目があっても、叱る相手の性格やプライドの質を考えて、「ほめる時は大勢の前で、叱る時は一人の時に」という気づかいをしたいものです。**

また、自分に自信がなく、「また叱られるんじゃないだろうか」と、常にびくびくしている部下には、まず、「あなたには、こういいところがある」とひと言ほめておいて、精神的に落ち着かせた上で、注意すべき点を指摘するといいでしょう。

ただそのさい、「あれもダメ、これもダメ」と、いくつも指摘するのは良くありません。**いろんなことをいっぺんに注意されたのでは、このタイプの人は混乱してしまいます。とりあえず一番大事な一点だけに絞って、注意する方が効果的です。**

「部下を叱るにもいちいち気をつかわなくてはならないなんて……」と思うかも知れませんが、そうした小さな気づかいこそが、円満な職場の空気づくりになるのです。

感情的に叱られても部下はシラケるだけ

マンガの「サザエさん」、ほのぼのとしたいいマンガだと思います。

ただ、一つ気になるのは、カツオはしょっちゅう波平さんに叱られているのに、なぜ同じ失敗をして、またまたカミナリを落とされてしまうのか……。

実は、このカツオと波平さんの関係に、部下と上司の関係を見ることが出来ます。

波平さんはカツオを叱る時、顔を真っ赤にして「バカモノォ〜」とどなります。その場では体を小さくしているカツオですが、自分の部屋に入ると口笛を吹いてマンガを読んでいたりするのです。

あれだけこっぴどく叱られたというのに、まったく反省の色が見えないカツオ。

これとまったく同じことが職場でも起こっています。

部下のミスに対して、大声でどなりつける上司。感情的になっているので、そのどなり声はますますエスカレートしていきます。もちろん部下は神妙にしています。

ところが、心の中では、

「なにキレてんだよ。ああ、早く終わってくれないかな」

と思っているのは、間違いありません。

部下がミスをした。仕事の手を抜いていい加減なことをした。そんな時は、上司が部下を叱るのは当然のことです。ただ、叱り方を間違えれば、反省を促すどころか、相手の心に「反抗心の種」を植え付けかねません。

心したいのは、感情的になって部下を叱らないこと。これは鉄則です。

その時の怒りにまかせてどなっていると、自分のどなり声がまた怒りを呼び、よけいに声が大きくなり、どんどん言葉がきつくなっていきます。そのうち「オマエなど必要ない！」と暴言を吐いて、後悔することにもなりかねません。

また叱られている方にしてみれば、次第に、何に対して怒っているのか理解できなくなってくる。結果、「またキレてんのか、ストレス発散？」となってしまうのです。

感情にまかせて叱るのは「百害あって一利なし」。カッとなっても冷静さを保ち、「どうしてそれがいけないことか」を静かな口調で諭す方が効果的です。そして一つ叱った後には、相手のいい点をほめるくらいの気づかいがあれば、相手はしっかり受け入れます。

←性格別・上司との接し方

⊙エリートタイプの上司には
感覚的な会話ではなく、裏付けとなる論理やデータを添えて、根拠ある会話を心がける。

⊙叩き上げタイプの上司には
理屈（論理やデータ）より先に、行動でやる気を見せる。

⊙厳しいが情にあつい上司には
思い切って相手の懐に飛び込み、率直に相談をもちかける。

⊙プライドが高いが自信がいまひとつない上司には
普段は敬意を示しておき、自分の意見を通したい時は、相手を持ち上げつつ話をする。

⊙友だち感覚の上司には

「話せる仲間」であることを強烈にアピールする。

←性格別・部下との接し方

⊙エリートタイプの部下には

頭ごなしの命令でなく、相手のプライドをくすぐる一言を入れ気持ちよく仕事をさせる。

⊙自信が持てない部下には

叱る時は、まず相手のいいところをほめてから注意する。他の人の前で叱らない。

⊙感情の起伏が激しい部下には

最初に「ガツン」と叱っておいて、最後におだててやる気を出させる。

⊙部下を叱る時の鉄則

感情的にならず、叱る内容を簡潔に。

優先順位の見極めができる人、できない人

「患者さんの病状によって、診察の順番が変わることがあります」

こんな貼り紙をしている病院があります。

本来ならば、先に受付をした人から診察を受けるのが当然です。

しかし、急患が運ばれてきたり、我慢できないほどの痛みを抱えた患者が来院すれば、そちらを優先させるのは病院として当然の使命です。

ビジネスにおいても、こうしうたことは日常茶飯事。順番通り、予定通りにいかないことが多いのではないでしょうか。たとえば、会社の同期と飲み会がある日、お客さま先で商談を終えたところで、「どうです？　軽く行きませんか」とお誘いを受けたとしましょう。

あなたなら、どう反応するでしょう。

「いいですね。軽くと言わず、たっぷりと」

などとおどけて、相手の誘いにのるか。それとも、

「いえ、実はですね、今日はちょっと都合が悪くて……」

などと言いながら退散するか。

ビジネスパーソンとしての正しい在り方は、とうぜんながら前者です。

もちろん誘いを断られた相手は、悪い感情をいだくわけではありません。

「ああ、そうですか。先のお約束があるのなら、また次の機会にしましょう」

そう言って話は終わりです。ただ問題なのは、**「また次の機会」はとうぶん訪れない**ということ。

お客さまの方から、そこであなたを誘ったということは、あなたともう少し話をしたいという意思の表れです。

後者の場合は「同期との飲み会」という、いつでも実現できる「先の予定」を優先するあまりに、めったに訪れないチャンスをみすみす捨ててしまったわけです。

もちろんそこには、「お客さんに気をつかいながら飲むより、仲間と飲んでいた方が楽しい」という現実的な問題もあるでしょうが、それは果たしてどうでしょう。

優先順位をきちんと見極め、ここ一番できっちり気づかいできる人の方が、ゆくゆくは得をするはず、そう私は思います。

話を聞く時の喜ばれる気づかい

「話し上手である前に、聞き上手であれ」

多くの企業経営者が、「求める人物像」を語る時に、口を揃えて言うことです。

ひとくちに「話を聞く」と言っても、そのシーンはさまざま。相手の気持ちを引き出そうと、こちらから積極的に働きかける聞き方。会議やセミナーなどで、発言者の意見を聞く姿勢。相手から相談を持ちかけられた時の応対のしかた。同じ「聞く」でも、心がけはそれぞれに違います。

ここでは、人から相談を持ちかけられた時、あなたの株を上げる上手な応対のしかたについて説明したいと思います。

人から相談を持ちかけられた時に大切なのは、話を聞く態度。つまり、ポジショニングとしぐさです。

あなたが机に向かって仕事をしている時、同僚が横に立って「相談したいことがあるんだけど」と話しかけてきたとしましょう。その場合は、まず、あなたも立ち上がって「どうした？」と応じるのが良いでしょう。

理由は二つあります。第一には、**立ち上がって出迎えられると、その相手への好感度が増す**という心理学的要素があります。第二には、**立っている人を相手にする場合、自分が座って話を聞くということ自体、体勢として相手にいい印象を与えません。**それに加えて、人の話を聞く場合は、**相手と同じ目線の高さで話をすることが原則です。**

また、その場で話を聞く時は、相手の座る椅子を用意して腰かけてもらって話をします。ただし**向かい合うのではなく、横並びに。**横並びのポジショニングで、やや体を相手へ向けて話す方がお互いにリラックスできます。

もし、その場では話しづらい様子を相手が見せたら、オフィスの隅の方へ行くか、廊下へ出て、壁に向かって横並びのポジショニングをとるのが良いでしょう。話しづらいということは、人に聞かれたくない内容に違いありません。したがって、上司や同僚たちに背を向けて話をする方が、相手は話しやすくなります。

このように、相手が困っている状態の時は心も弱っているはずです。そんな時のちょっとした気づかいが、職場であなたの好感度を上げる決め手となります。

どうせやるなら快い態度で引き受ける

忙しかった一日も終わり、ようやく帰ろうと思った時に、

「悪い！　この資料、明朝の会議までに企画書にまとめておいてくれよ」

そんな言葉が課長の口から飛び出してきました。その時あなたは、

「かんべんしてくれよ、まだ残業させる気かよ！」

気持ちはよく分かります。でも、課長の頭の中では、「やってもらう」ことが大前提になっているため、「無理です。できません」と言うわけにもいかない。それはあなたも分かっています。


ところがこうした時に、いつまでも諦めきれず、ふて腐れてなかなか動こうとしない人がいます。案外そうした人は多いのではないでしょうか。

しかし、ここで気持ちを整理できずに、グズグズと手を止めていたら、損をするのは、その人自身です。

どれだけグズッたところで、上司の申し入れに首を横に振ることなどできません。手を止めていれば、それだけムダな時間を過ごしていることになりますし、また、そうした気持ちは必ず表情や態度にも表れるものです。それを上司に察知されれば、大きく評価を下げることになります。

何をどう言っても覆らないなら、素早く気持ちを切り替えて、速やかに企画書の修正にとりかかるべきです。

しかもその時は、内心は「ちぇっ！」と思ったとしても、快く引き受けることで上司との関係は大きく変わります。

「はい、分かりました。やらせていただきます！」

これは、返事としてはいいのですが、今後も損な役回りを押し付けられることになりかねません。そこでこうした場合は、

「分かりました。でも、明日の昼飯はおごってくださいね」

そのくらいの快さと、ユーモアがある返答ができれば理想的です。

どうせやらなければならない仕事なら、明るく楽しい雰囲気をつくりながら、それでいて相手に、小さなプレッシャーをかけるくらいの応対をしたいものです。

3章のまとめ

□　「オープナー」のぶれない姿勢が信頼を集める
□　「ギリギリに提出して上司を困らせる」
　　――まじめな人ほど要注意
□　メール、電話、会話の使い分け方を、人は見ている
□　職場の自分のテリトリーを心地よくカスタマイズしよう
□　上司の性格・タイプを見極めて対応を分ける
□　自信のない部下を叱るときは、
　　「一対一で、一度に一つのことを」
□　ときには急なお誘いに乗れる“身軽さ”も大事
□　相手と話すときの位置にも気づかいをしよう

この章で気づいたこと

4章

なぜか〝お酒の席・食事の席にいてほしい人〟の秘密

酒の席では聞き役に徹して好感度を上げる

酒の「美味い、不味い」は、半分以上がそのメンバーによって決まります。共通の趣味を持った人たちが集まって、ワイワイガヤガヤやるのが一番楽しいに違いありませんが、残念ながら大人の酒席は、学生時代のように気の合う仲間ばかりが集まったサークル気分で過ごすことはなかなかできません。

話が長くなる人、自分の自慢話ばかりしたがる人、グチる人、涙もろくなる人など、酒が入ると人は普段心にため込んでいた気持ちがあふれ出して、自分勝手なふるまいをしがちです。

そうした理由から最近は、新入社員が先輩からの飲みの誘いを平気で断る、などと言われていますが、それはマスコミに踊らされた大げさな表現ではないでしょうか。

確かに、一時期よく言われた「ノミュニケーション」などという言葉は死語となっていますが、上司からの酒の誘いを断れるほど肝っ玉の据わった新人社員はまずいません。どんな職場にも、必ず上司から目をつけられて、飲みに誘われる犠牲者はいるものです。

しかし考え方を変えると、上司から誘われるということは、決して悪いことではありません。むしろ歓迎すべきことと言えるでしょう。

誘う方にしてみても、誰でもいいというわけではありません。

「酒を飲むなら、アイツよりコイツの方がいい」と計算しているもの。いわば、お声がかるということは「上司に認められている」ということなのです。

したがってそんな時は、

「お、いいですね、ごちそうさまです！　連れて行ってください」

などと積極的に話に乗る方がいい。たとえ心の中では、「この前も、延々海釣りの自慢話を聞かされたけど、ちっとも面白くなかった」などという思いがあったとしても、あくまでもポジティブさを装い、誘いに乗って、酒場に繰り出していくべきです。

そして、案の定、自慢話がはじまったら、「なるほど」とか「それはすごいですね」なとど、相槌を打つだけでいいのです。

酒に酔い、自分に酔っている人は、話の聞き役を求めているもの。それだけで十分満足なのです。そして上司にとってあなたは、「価値ある人材」となるはずです。

仕事で飲む時は、飲まれない注意を！

「A君、昨日のこと覚えてる？」

課長が聞いているのは、昨晩の酒席のことです。

「いえ……課長とご一緒したことは覚えているんですが、あとの記憶はちょっと……」

「あのさあ、酒飲んで盛り上がるのはいいけど、A君の場合、限度を越えてるよ」

「はあ……私、また、やっちゃいましたか。申し訳ありません」

こうした会話は、どこの職場でもあることです。

同じ部署の上司と部下という「顔見知り」の関係ならまだしも、これがお客さまの接待であったら、事態はもっと深刻だったでしょう。

酒はその人の人格を変えます。

「いや、僕は酒を飲んでつぶれたこともないし、そもそも自分を見失うまで飲んで人に迷惑をかけたことだってありません」

そう反論する人もいるかも知れません。しかしそれは自分でそう思っているだけのこと。酒が入ってくると、気づかぬうちに、その人の本性が見えてくるものです。

これが酒の怖いところですが、その一方で、一度酒を飲んだだけで親近感がわいて、相手との距離が一気にちぢまったということも少なくない。酒は「もろ刃の剣」のコミュニケーションツールです。

特にこんな場合は要注意。

男性上司と女性部下という二人のお客さまを、あなたが接待するとしましょう。

最初のうちは、当然男性上司に気づかって話を進めます。**ところが、酒が入って自分の心もちも良くなってくると、話す話題も、ついつい女性部下が好みそうなものを選んでしまう。それに伴い、視線を送る回数も女性に向けられることが多くなります。**

これでは相手の男性上司は面白くありません。

今回の接待は、何より相手の男性上司に「いい印象」与え、取り引きをスムーズに進めるきっかけづくりが目的。残念ながらこの接待は、あなたが酒に飲まれたおかげで大失敗ということになるでしょう。

仕事で酒を飲む時は、自分が飲まれてはいけません。自信がないなら飲まないことです。

酒席こそ「おだやかに」「ていねいに」

「酒の席では上も下もない。無礼講だ」

社会人になって、そんな言葉を真に受けていると、必ず評価を落とすことになります。

また、そんなことを改めて言う人に限って、いざ「無礼」な態度を取られると気分を害してしまうもの。「要注意人物」と考えた方がいいでしょう。

そもそも、酒席が「無礼講」になる状況というのは、大型チェーン店で盛り上がる「学生飲み」のような場合がほとんどです。

職場の人と飲みにいって、バカ騒ぎをしたり、言葉も選ばず目上の人に食ってかかったり、あるいは酔い潰れてしまったり。こうした人はもう、店側としても、周りの人たちにしてみても「迷惑な厄介者」以外の何物でもありません。

そこまでアウトローな人ではないにしても、酒を飲むと熱い議論をしなくては気がすまないという人がいます。

こうしたタイプの人は、みんなが楽しく飲んでいる席で、うっとうしくなるような「正論」を振りかざすデリカシーのなさを発揮します。

やはり新人のうちは、いかに酒の席とはいえども自分の意見は心に収め、「人の話をじっくり聞く」という態度をとるべきです。人が話していることに反論したり、遮《さえぎ》って自分の意見を言うなどは論外でしょう。

学生時代の飲み会ならば許されたでしょうが、社会に出たら、こうした態度はルール違反。イエローカード間違いなしです。

もちろん気安い言葉づかいもNGです。

同僚などに対しても、親しくなるまでは丁寧な言葉づかいをする方がポイントが高くなります。

さらに言うなら、よけいなスキンシップも減点対象です。女性に対する場合は、セクハラとみなされてしまう場合もあるので、大いに気をつけるべきです。

酒席というのは、ともすればラフになりがちで、またそうした態度が許されそうな雰囲気も漂っています。だからこそ、「穏やかに」「丁寧に」人と接することが大事なのです。

この基本が守れる人は、必ず一目置かれることになるでしょう。

意外に多い「話泥棒」

カラオケでもっとも嫌われるのは「マイク泥棒」になってしまう人です。いつまでたってもマイクを離そうとしない。そればかりか、人が歌っているところに、もう一本マイクを持ちだしてきて、デュエットに持ち込んでしまう。

ふだんの人間性はともかくとしても、こうした人は「オマエは今後、ゼッタイ誘わない」と宣言されてもしかたありません。

似たような人が酒席にも出現します。それが「話泥棒」です。

「オレさ、何か将来に役立つ資格を取ろうかと思ってるんだよね」

「へぇ、いいじゃない（一同）」

「で、いろいろ考えたんだけど、行政書士なんかどうかな、と思って」

「お、街の法律家ね」

「うん、通信教育でも1年くらい頑張れば取れるって聞いたし、それにさ」

と、ここで「話泥棒」が横から割り込みます。

「1年じゃ取れないよ」

「……（一同）」

「オレも行政書士に興味持って調べたことがあるんだけど、1年で試験に合格するためには、1日最低6時間くらい勉強しなきゃならないらしいよ。で、そりゃ無理だなと思って、オレはまず、宅建を取ろうかなと思って、いま勉強中なんだ。宅建の場合は……」

と、こんな感じに、せっかくの酒席が「話泥棒」の独演会になってしまいます。

酒も入っているから、口も滑らか。周りの人が口をはさむ余地すらありません。

当然ながら、その場にはシラケたムードが漂い始めます。

このように、**何かと人の話を途中で持って行ってしまう人は、話を持って行ったかわりに人望を失うということを肝に銘じた方がいいでしょう。**

酒席で守りたい基本的なルールは二つ。
①人の話はちゃんと聞く。自分が話したいことはその後で。
②目下の人の話にこそ、しっかり耳を傾ける。
簡単なことのようですが、酒が入ると、これを守れない人がけっこういます。

気づかい上手は店をじっくり選ぶ

「いやね、この店はなかなか手に入らない日本酒が飲める名店なんだよ」

そう言われても、「日本酒はちょっと苦手」という人はちっとも嬉しくありません。むしろ、ちょっと迷惑かも。

と言うのも、相手は「きっと喜んでくれるだろう」と思って連れてきてくれたわけで、その店に入って、「いや、実は日本酒が苦手なもので」とは、なかなか言いにくいもの。不味《まず》いと思っても、付き合い程度に杯を重ねるのは相手に対する気づかいです。

いやいや飲む酒ほど苦痛なものはありません。また、そうした時に限って悪酔いして、翌日悲惨な日に合うものです。

人を店に連れていく場合は、相手の好みを押えておくことが肝心です。

和洋中の食事のチョイスもさることながら、お酒の好み（あるいは、得手・不得手）も忘れてはいけません。

ビールしか飲めない人を、どれだけ名のある日本酒の店に連れていったとしても、相手に気づかいばかりさせてしまい、会話が弾むことはないでしょう。

そうした意味では、どんな種類の酒でも置いている店を選ぶのが無難ですが、あらかじめ酒の好みを聞いておいて、その酒にピッタリの料理を出してくれる店を選べば「ああ、この人は自分の好みを気づかってくれたな」と思い、好感度がアップするのは間違いありません。

店のチョイスは、店の雰囲気についても言えます。

お客さまを接待するのに、学生気分で居酒屋に予約を入れるのは、あまりにも世間知らずです。テーブルとテーブルの間隔が離れた落ち着いた雰囲気の店か、個室のある店を選び、ゆっくりと話ができるよう配慮をすることが大事です。

また、隣の人が気になるからカウンター席は嫌いという人もいます。

酒席の延長でバーに流れた時でも、仕事などの真剣な話をしたい場合はテーブル席を選び、相手と向き合った方がいいでしょう。

「飲んでしまえば、酒や雰囲気なんて変わらない」というのは学生時代の飲み方です。酒席の店選びが正しくできてこそ、大人の気づかいができる人と認められるのです。

女性との二軒目はカウンター席を選ぶ

お客さんの接待で、仕事の話をする場合はカウンター席よりテーブル席の方がこちらの意思を伝えやすいし、相手の思いもくみとりやすいものです。

いかに酒の席とはいえ、仕事がらみの場合は、「相手の顔色」を常にうかがいながら話をしたいものです。これは前項で記した通りです。

一方、話は少しビジネスから外れますが、あなたが好意をもった女性と二軒目で二人きりになった時、しかもまだ、それほど親密な関係にない男女の場合は、テーブル席でなくカウンター席を選ぶ方が賢明でしょう。実はこれ、女性に対するさりげない気づかいです。

一軒目は大勢で飲み食いしていたため、あなたに好意を感じて親しく話していたとしても、相手の女性は、あなたのことを「大勢の中の一人」と認識しています。ところが、二人きりになると、急に「あなた」がクローズアップされ、気恥ずかしさを覚えるものです。

そんな時は**テーブル席に座って女性の顔をまじまじと見つめるのではなく、カウンター**

席に並んで座った方が、互いに気まずさを感じることもなく、すんなりと会話は進みます。

また、店のチョイスにしても、ジャズやクラシックなどの大人っぽいBGMが流れていて、うす暗い照明の店を選べば、御膳立てはばっちり。単なる友だちから恋愛ムードに発展させて、お互いの気持ちを高め合うのにはうってつけの舞台設定です。

実際に恋人同士となった時は、お互いをじっと見つめ合えるテーブル席でもいいでしょうが、これから親しくなろうという段階では、体が時おり触れ合う距離感で、同じ方向を向いて話した方が、より親近感を高められるという心理作用があります。

また、こうした落ち着いた雰囲気の店を知っていることに対して、相手の女性はあなたに対して「大人の男性」を感じることとなり、安心感を覚えるもの。日ごろからいろいろな店に顔をだし、「こんな時はこの店を使おう」と下調べをしておくことも、あなたの株を上げることにつながります。

ただ、カウンター席で距離が近くなったからといって、むやみに相手のプライバシーに踏みこもうとしたり、セクハラまがいの品のない下ネタを披露すれば、せっかくのムードをぶち壊しにしてしまいます。店のチョイスだけでなく、雰囲気に合った態度や会話を心がけるのがスマートなやり方です。

ウンチクは相手が喜ぶものだけ話す

彼女とつき合い始めた頃は、どんな些細なことにでも敏感に反応して、「それ、ホントなの！　あなたって、なんでも知ってるのね」と感心してくれたのに、近ごろじゃ何を言っても「そうなの」と、まるで無反応。

「これって、オレに飽きてき証拠ですかね？」

いえいえ、それは違います。

あなたに飽きてきたのではなく、あなたのウンチク話に飽きているのです。

酒の席のウンチク話というのは、タイミングとテーマを逸すると、くどくどとした「自慢話」にしか聞こえません。

たとえば、あなたが彼女と居酒屋に行ったとしましょう。注文したのは、鳥なん骨のから揚げと牛すじの煮込みなどです。

そこであなたが、

「今日は、コラーゲンづくしだなあ。女性はお肌にいいね」

するとと彼女は即座に反応して、

「えっ、なんで？　何にコラーゲンが入ってるの？」と、食いつきのいい質問が返ってくるはずです。

「いや、実はね、コラーゲンというとフカヒレとかって思いがちだけど、鳥なん骨や牛すじには、たっぷりコラーゲンが含まれているんだよ」

などという流れでウンチクを話すと、彼女は、

「へぇ～、そうだったの！　ぜんぜん知らなかった」となるわけです。

ところが一方、こんなウンチク話はNG。女性には歓迎されません。

サバの塩焼きを頼んでおいて、あなたがこんなふうにウンチクを語り出します。

「最近は関サバっていっても怪しいものが多いね。そもそも、山口県沖で獲れるサバがすべて関サバっていうわけじゃなくて……」

彼女にしてみると、「はぁ？」となってしまいます。これはもう、ウンチクを越えて「食通ぶった」自慢話。感心されるどころか、「また始まった」と、あなたの株をどんどん下げることにもなりかねません。

「自分の味付け＝皆の味付け」ではない

焼き魚が運ばれてきたとたんに、何も聞かずに醤油をドバっとかける。

あなたの周りにそんな人はいませんか？

こうした人は本当に無神経な困りもの。酒席では最も嫌われるタイプの人と言っていいでしょう。

しかもその手のタイプは、なぜか男性に多く、

「いや、だって、焼き魚には醤油でしょ」

などと、さも当然といった顔をして、さっさと箸で魚をつつき始めるものです。

もしそこに、塩分を控えなくてはならない人がいたら、その人はもう手が出せなくなってしまうのに、なぜかそこまで気が回らない。

酒席においては、こうした気づかいはあってしかるべきもの。味の一人よがりは、自分の家だけにしておきたいものです。

もし、「ちょっと味が薄いな」と感じたなら、自分の皿に取り分けてから、調味料を足せばいいこと。また、そんな当たり前のことでも、見る人が見れば、「ああ、この人は常識をわきまえている人だな」と安心感を抱くことにもつながります。

そもそも、備え付けの調味料をドバドバ使うというのは、はたから見ていても、あまり美しいものではありません。

仮にあなたが上司に、寿司屋に連れて行ってもらったとしましょう。

そこであなたが、小皿の中に醤油をなみなみ注ぎ、まるで寿司を泳がせるようにつけて食べていたとしたら、きっと上司はいい顔はしないはずです。

「ああ、コイツは味音痴なんだ。こんな店に連れてきたのは失敗だったな」

と思われ、二度目のお誘いは確実になくなることでしょう。

もちろん食事は、自分好みに食べてこそ「美味い！」と思えるものです。そこに、「こう食べなくてはならない」というルールもありません。

ただ、周りの空気を読まずに、自分好みの味を貫いてしまうと、周りの人を「ガッカリ」させます。

人と食事を共にする時は、自分の味より「若干薄め」が無難です。

悩み事がある時は酒席に参加しない

「今日はグチりたい。だからつき合ってくれ」

そう宣言して親友を酒に誘うのならともかく、大人数で楽しく飲む席で、仕事や上司のグチを聞くことほど辛い時間はありません。

「最近ちっともいいことないわけよ。課長は課長で、小さいことでグダグダ言うし。なんだか会社も辞めたくなっちまったよ」

そうした人は、グダグダ言ってるのは自分だということにちっと気づいておらず、まるで「悲劇のヒーロー気分」でいるのです。

誰だって落ち込むことはあるでしょうし、グチりたくなる時はあるものです。

ただ、みんなと飲んでいる時に、一人だけ不機嫌そうな顔をして、口汚く誰かを罵っているようでは、酒席はシラケてしまいます。

仮にそこで、「じゃあ、辞めちまえよ」と言おうものなら、ひと騒動起きることは間違いない。ケンカに発展してしまう場合もあるでしょう。

また、そうしたタイプの人は、「自分は酔っていない」と宣言するから余計にタチが悪い。**「すべての非は自分以外のところにあって、人がそれを理解してくれないだけ」と思い込んでいるのです。**

そもそも酒席で不機嫌な顔をしていたり、グチを言ったりする人は、一緒に飲んでいる人に同情してもらいたいと思っているのです。

「まあまあ、元気だせよ」

「オマエはよくやってるよ。それを周りが理解する能力がないだけだよ」

などと、ご機嫌とりのお世辞を言ってもらったり、何かのサービスをして欲しいと思っているのです。

率直に言うなら、そうした人は飲み会に参加すべきではありません。

酒席というのはあくまでも、「大人の集い」であるべきで、自分の感情は自分でコントロールして、周りの人に迷惑をかけないのが、最低のルールです。

悩み事があったり、体調がすぐれなかったりする時は、酒の席には参加しない。そんな自制心を持つことも、酒にまつわる気づかいの一つです。

料理はまず年長者が箸をつけてから

「うわぁ、美味そう！」

そう言って、料理が運ばれてくるなりいち早く箸をつける人がいます。美味しそうな料理を目の前にすれば、誰だって心が弾むもの。その気持ちは分からないではありません。もちろんそれを、表だって咎めだてする人もいないでしょう。でも、そこでちょっと周りの顔ぶれを確認してみるくらいの気づかいが欲しいもの。酒席や会席においては、マナーとして料理に手をつける順番があります。**複数の人がいる席においては、その中で一番の年長者が料理に手をつけてから。これが常識です。**

「そんなこと言ってたら、せっかく温かい料理が冷めてしまうし、そもそもみんなおしゃべりに夢中なんだもの」

確かにそういう場合もあるでしょう。そうした時は、あなたがみんなの分を取り分けてあげるくらいの気づかいをしたいものです。そうすれば「お、若いのに気がきくじゃないか」と評価も上がり、年長者の箸が動くのを待つことなく美味しい料理にありつけるというものです。

これはコース料理などにも同じことが言えます。

たとえば結婚式。同じテーブルの人の前に、順番に料理が並べられていきます。その時、自分の前に料理が置かれたとたんに食べ始めてしまう人がいますが、当然これもNG。テーブル全員に料理がいき渡ってから料理を食べ始める。これが「常識ある人」と見られるポイントです。

また、年長者に話しかけられた時は、辛抱強くその人の話に耳を傾けることも大事です。酒に酔った年長者ほど話が長く、いつの間にやら自慢話や苦労話になる傾向があります。そんな時でも、真摯な姿勢で相手の話に耳を傾けている人は、周りの人にも好印象を与えるものです。

もちろんそうしたふるまいをして「どんなメリットがあるのか」と問われれば、「即効的なメリットはない」と言わざるを得ません。しかしながら、こうしたふるまいが身についているか否かで、大事な酒席や会席で、あなたの評価はずいぶん違います。

友達同士では割りカンが原則

一方は、飛ぶ鳥を落とす勢いの企業に就職。もう一方は、零細企業に就職。当然そこには給料の違いがあるわけですが、それが友だち同士の飲み会であったら、支払いは割りカンが原則です。

一番気がねなく楽しく飲める関係は、学生時代の友人や同じ趣味を持った仲間に違いありません。

そこには、上下関係や格差もなく、卑屈になったり偉ぶったりする必要もなく、気持ちのいい酒の席だけがあるはずです。

ところがそこで見栄を張る人がいます。

「いいよ、今日はオレが払っておくわ」と、いち早く財布を取り出す人です。

「何言ってんだよ。オレも払うよ。割りカンにしようぜ」

「いいって、いいって。じゃ、今度な。だから今日はいいよ」

もしかするとそれは、相手の会社の状況や、家庭のことを考えて、心から気づかってのことかも知れません。しかし、そうした気づかいは無用。

友人間における「オレの払い」は、相手にとって失礼ですし、関係を難しくしてしまいます。

片方の人に支払いをまかせてしまうと、本来あってはならないはずの格差がそこで浮き彫りになります。少なからず、おごった方には優越感が芽生えるだろうし、おごられた方は小さな劣等感が頭をもたげてくるものです。

「ああ、なんかアイツに気を使わせてしまったな。それにしても、学生時代は一緒になってバカやってたのに、ずいぶん差がついてしまったな」と、おごられた方の人は、する必要のない「一人反省会」となってしまう場合があります。

また、**割りカンルールを破ってしまうと、「今度」が訪れにくくなってしまいます。**

「今度はオレの払いか……割りカンだったら気兼ねなく飲めるけど、相手の分も払うとなると、ちょっとキツイな」などと、いらぬことを考えてしまう場合も。

そうした点でいくと、女性同士の方がつまらない見栄を張ることもなく、きっちりと割りカンにすることが多い。このあたりは、女性の経済観念を見習いたいものです。

部下との飲み会での支払いのタブー

友だち同士の飲み会ならば割りカンが原則ですが、部下と飲む場合はちょっと事情が違います。

たとえば初めて上司に酒を飲みに連れて行ってもらって、

「えーと、この金額を3で割ると……」

と言って、上司が明細を見ながら計算し始めたとしたら、あなたはどう思うでしょう。

「マジかよ？　おごりじゃないの」

と、もう一人の同僚と顔を見合わせてしまうのではないでしょうか。

それればかりか、会計を終えた上司が店員さんにひと言、

「あ、領収書ちょうだい」と。

率直に言えば、こうした人は上司の器じゃありません。

部下をはじめて酒に誘った時は、上司のおごりであるべきです。また、領収書をもらう

など問題外。部下を目の前にして「ダメ社員」のお手本を示しているようなものです。

「おごる」という行為には、単に上下関係を明らかにして優位性を示すだけではなく、上の者の下の者に対する「ねぎらい」の意味も含まれています。

たとえば、ある大学の体育会などでは、1年生が先輩と食事に行けば支払いはすべて先輩もちという慣習があるそうです。これなども、日ごろは厳しく接している1年生をねぎらい、「頑張って続けろよ」という気づかいの表れです。だからこそ1年生たちは辛い練習でも頑張ることができるのです。

ところが、社会人となって初めて上司に連れて行ってもらった飲み会で、「割りカンな」と言われてしまったら、誰だってがっかりするのは当然でしょう。そこには信頼関係は生まれません。

とはいえ、おごることを習慣化させてもいけません。

「年上なんだからおごるのが当たり前じゃないの」という気持ちが根付いてしまうと、たまたまおごらなかった時、部下はとても不愉快な表情をするようになります。このあたりのさじ加減は難しいところですが、何にしても、上司と部下の関係で、酒の席での「割りカンな」は、ちょっといただけないふるまいです。

酒の後の引き際のルール

「遅くなったけど、もう少し一緒にいたいな」

そんな思いから、相手の女性に「もう一軒行こうよ」と思わず口にしてしまったこと、恋愛時期の男性なら誰でもあるのではないでしょうか。

それ自体は、相手の女性に悪い印象を与えるものではありません。

ただ、やってはいけないのは、「そろそろ帰らなきゃ」と女性が言った後に、「まだいいじゃない。あと一軒だけ」などとしつこくすることです。

相手が「帰る」と言っているのに、さらに引き留めて、「だって明日は休みじゃない。もう一軒くらい付き合ってよ」などと無理強いするのは、大人のふるまいではない。あまりにも子どもじみた行いです。

引き留めるのは一度だけ。そこでいい返事をもらえなかったら「スッ」と身を引くことが肝心です。

そもそも酒を飲んでいる時は、酔った分だけ判断力が鈍っているもの。普段であればそこまでしつこくしない人であっても、妙な理屈をつけていつまでもグダグダ言っていると、「何、この人。ただの酔っ払いじゃない」と思われてしまいます。

ここで大事なことは、相手に「また会いたい」と思ってもらうことです。

別れがたい相手ほど、引き際は大事。相手を幻滅させて、次に会う機会をなくさないよう慎重に対処したいものです。

したがって、今日のデートは、「次回に会う約束をするためのもの」。そう割り切って次につながる引き際を演じるのが賢明です。

また、「送っていくよ」と切り出す時も同じ配慮は必要です。

相手が固辞した場合は、潔くその場は身を引くことが大事。無理に送ろうとすれば、「何かたくらみがあるに違いない」と思われることは間違いありません。

何にしても、女性と飲んだ後は「しつこくしない」がマナー。きれいに別れて、相手にスマートな印象を与えるのが好印象の決め手です。

そもそも男性は、女性から「ちょっぴり冷たいな」と思われるくらいでちょうどいい。もちろんこのあたりは、当人同士のかけ引きではありますが……。

立食パーティーで試される、あなたの「気づかい力」

「立食パーティーは苦手」という人がけっこういます。

「落ち着いて飲み食いできないし、疲れてしまうし、慌ただしくてイヤ」と。

そんな集いだからこそ、人のふるまいがよく見えるし、他の人の迷惑にならないような気づかいとマナーが求められるのです。

立食パーティーに参加して、「みっともないな」と思う例をいくつか挙げてみましょう。

ご自分が立食パーティーに出席した時のことを思い出して考えてみてください。

・我先にと、小走りで料理のテーブルに向かう人。
・ビュッフェ台の前で、何をとろうかいつまでも迷っている人。
・一度に山盛りの料理を盛り付けている人。
・とった料理を食べ残して、新たな料理に向かう人。
・歩きながら、飲み食いする人。

・使った皿を何枚も残して、テーブルを離れてしまう人。
・テーブルに荷物を置いて、場所どりをする人。
いかがでしょう。あなたは、こうしたふるまいをしていないでしょうか。

「そんなことを言ったら、立食パーティーなんか出席できないよ」

そう思う人もいるかも知れません。確かに、いま挙げたふるまいをしている人が多いのが立食パーティーの「玉にキズ」と言うことができでしょう。

では、立食パーティーで、「ははあ、この人は場をわきまえている人だな」と思われる気づかいとはどんなものか。それを端的に言うなら、「万事において、がつがつしない」ということです。

ある有名企業の経営者の方は、**立食パーティーの前は、あらかじめお腹を満たしていく**という話をされていました。つまり、パーティーで「がつがつ」しなくて済むようにすることが、その方なりのマナーなのだと。実にスマートです。

とはいえ、立って食事をすること自体、「だらしがない」とされる日本において、立食パーティーのマナーは難しいもの。そんなシーンだからこそ、小さな気づかいができる人に「キラリ」と光ったものを感じるのも、また事実です。

4章のまとめ

- □ 接待では酒が進んでからこそ気を引き締めるべし
- □ ふだんはしないのに酒席では我が強くなる人が多い
- □ 大事な人との会食は「店選び」から始まっている
- □ 男性が女性と親しくなりやすい「カウンター」のメリット
- □ ウンチクと自慢話は紙一重！
- □ “皆で分ける料理の味付け”にも気づかいは表れる
- □ 気分・体調がすぐれない時の酒席はくれぐれも冷静に
- □ お勘定の下手な気づかいは、せっかくの友情を壊しかねない
- □ 部下は上司の“金払い”を見ている！

この章で気づいたこと

5章

たった一言で心をつかむ話し方のツボ

男性と女性、好かれる会話の違い

近ごろの男子学生は、実によくおしゃべりします。しかもそれは、大人の視点で見れば、あまり有益とは思えない話題であるように思えてなりません。

電車に乗っていた時のことです。

一人の男子学生がバイト先の上司の悪口を大きな声で延々と話していました。それを聞く友人は、スマートフォンの画面をいじりながら適当に相槌を打っているだけ。どう見ても相手の話にまったく興味を示していません。ところが、そんなことはお構いなしに悪口を言い続ける男子学生。

と、その時、スマートフォンに集中していた相手がおもむろに、「てか、メシ、なに食う?」と、まるで関係のないリアクションをしたのです。

普通だったら、「おいおい、おれの話聞いてなかったのかよ」と文句の一つでも言いそうなものですが、なんとその男子学生は、

「つけ麺いかね？」と、即座に相手の話題に乗ってしまったのです。

よくしゃべった割には、本人も自分の話にたいして重要性を感じておらず、「間もたせ」のために「ただ口を動かしている」だけだったのでしょう。この実に不思議なコミュニケーションに、私はただただ呆れてしまいました。

友だちと仲良くする。あるいは、会社の上司に気に入られるための秘訣は、会話のしかたに他なりません。特に社会人の場合、初対面の人との会話は気をつけたいものです。

会話には**「道具的会話」**と呼ばれるものと**「表出的会話」**と呼ばれるものがあります。

「道具的」とはビジネスライクな会話のしかたで、話の論旨をしっかり立てて、内容を的確に相手に伝える仕事のための会話、かたや「表出的」とは人と仲良くなるための会話で、それこそ井戸端会議のような一見ムダとも思えるような会話です。

ムダ話ばかりで、論点のはっきりしない会話をする男性社員は、上司から「使えない社員」の烙印を押されることになるでしょう。一方、女性の場合は、なんでもビジネスライクに話を進めては、特に同性の相手から「かわい気がない」という印象持たれやすいもの。

したがって**女性は「表出的会話」のうまい人となり、新しい環境に溶け込む方がいいし、男性は「道具的会話」を身につけて、自分を売り込むのが、職場で人気者になる秘訣です。**

「われわれ意識」で仲間をふやす

この微妙な言葉のニュアンス、あなたはどちらに好印象を持ちますか？

「この仕事は大変だけど、私とあなたで頑張りましょう」

「この仕事は大変だけど、私たちで頑張りましょう」

違っているのは一か所だけ。前者が「私とあなた」であるのに対して、後者は「私たち」と言っているところです。

言いたいことは同じですが、実は後者の「私たち」と言った方が、相手は「そうですね、一緒に頑張りましょう」という気持ちになりやすいのです。

これは心理学的に**「われわれ意識」**と言い、人の心を微妙に動かす言葉づかいです。

「私とあなた」では、二人の間にかすかな隙間が感じられます。一方、「私たち」という言い方には、「私たちは強い絆で結ばれている仲間なのだ」という一体感が伝わります。

したがって、**普段から頻繁に「私たち」「われわれ」という言葉を使っている人の周り**

には、知らず知らずのうちに仲間や強い味方が増えているはずです。

ただし例外もあります。

たとえば、「この仕事は大変だけど……」の「大変さ」の度合いです。少々の大変さなら言われた方も頑張る気持ちにもなりますが、少しどころではなく、食事をするヒマもない「大変さ」の場合は事情が変わってきます。

「今日は徹夜になるかも知れないけれど、私たちで頑張りましょう」となると、その「私たち」の中には「どんな理由があろうとも、あなただけ先に帰れるなんて思わないで」という、いわば脅し文句的なニュアンスも生じてきます。

また、会社の経営トップの呼びかけなどには如実にニュアンスの違いが現れます。

業績が伸びている状況で「われわれみんなで頑張ろう」と言うのならさらなる希望が持てますが、会社の経営が危機的状況にある中で同じことを言われれば、「地獄の底までみんな一緒だぞ」といった強制的な感じがにじみ出てしまいます。

つまり**「私たち」という言葉はポジティブな意味で使いたいもの。**私たちで頑張れば、仕事も早く終わるし、業績だってグンと上がる。そうした前向きな状況でこそ「私たち」のひと言は、周りの皆を前向きにさせる気づかいになるのです。

逆ギレさせない注意のしかた

近ごろ、「部下をどう注意していいか分からない」という人が増えています。

あまりキツイ言い方をすれば、へこんだり、すねたり、逆ギレしたり、メールで陰口をたたかれてしまう。ソフトに注意しただけでは、どうも「ピン」ときていないようだ。かといって放っておくわけにもいかないし……。まったく「やれやれです」と。

たとえば、3日と期限を決めて企画書の提出を命じたとします。

ところが、期限の3日目になっても部下が企画書を提出してくる気配がありません。

そこで上司が、

「おい、例の企画書はどうなった」と聞くと、

「まだできていません」

「できていないって……今日提出と言っただろう！」

と、言ったきり後が続かない。あきらかに会社員としての自覚に欠ける行為であっても、

これまでの経験上、ここで怒鳴りちらしてみたところで、どうせすねてふて腐れてしまい、注意すること自体が逆効果になることが分かっているからです。

こうした場合はどうしたらいいのか。どう言えば相手はあなたの言うことを受け入れて、仕事に臨む姿勢を正してくれるのか。

それは、**「オマエが悪い」と、相手の非を責めるのではなく、「あなたが約束を守ってくれないと、私が本当に困るのだ」と、主語を「あなた」から「私」に変えて話すことです。**

こうすることによって、「自分が責められている」という心理的反発が消え、相手もこちらの言い分を受け入れやすくなるのです。

さらに言うなら、「そんなことをしては困ります」という言い方ではなく、

「こうしてくれると助かります」

といったニュアンスの話し方をする方が、相手は要求をのんでくれる可能性が高くなります。

腹がたっても感情的に怒鳴りちらすのではなく、そのひと言をぐっと飲み込んで、相手が耳を傾けるようなもの言いをするのが、問題のある部下の上手な操作方法です。

「もしよければ」のすごい効果

「この本、すごくいいから読んでみてよ。ゼッタイ気にいるから」

そう言って友人が、あなたに本を手渡してくれたとしましょう。ところが、タイトルを見る限り、あなたの好みのジャンルではありません。

そんなことはお構いなしに、勧めた本の良さを力説する友人。内心あなたは、「やれやれ、困ったな」と思うはずです。

内容の良し悪しは別として、興味のないものを無理やり押し付けられても、素直に「ありがとう」と言うことはできないはず。また、これだけ力説するからには、「どうだった?」と感想だって聞かれるはずです。

受け取ってしまえば読まないわけにはいかないし、かと言って「いや、私はこの手のジャンルに興味がないから」と無下に断るわけにもいかないし……。

ここで相手が、こうアプローチしてくれたなら、気持ちは随分違うはずです。

「すごくいい本があったんだよ。もしよければ読んでみない？」

実はこの「もしよければ」のひと言が、心理的には大きな効果を発揮するのです。

その心理的効果とは、**相手に「断る余地」を与えて、気持ちに余裕を持たせる**ということです。このひと言があるだけで相手は、「悪い。いま別の本読んでいるんだよ」などと、「この手の本には興味がない」という本質には触れずに、違った角度から断りを入れることができます。

つまり、「もしよければ」と、前置きされているのだから、本当の理由を弁解がましく述べる必要もなく、気兼ねなく断れます。また、本を勧めた方も、「もしよければ」と言った時点で、半ば断られることに覚悟ができているので、互いに気楽なものなのです。

相手にものを勧める時は、プレッシャーを与えない気づかいが大事です。

これは勧める時だけでなく、ものを頼む時にも応用できます。

「もしよければ、これを手伝ってもらえる？」と。

逆に、こう出られれば相手も、断りにくくなって、頼みごとを受け入れてくれる場合が多い。つまり、断る余地があることで、受け入れる余地が増えるのが人間の心理。応じて欲しい時こそ、「もしよければ」のひと言で、相手の心をほぐすことが肝心です。

「すみません」より「ありがとう」

「今日はすっかりごちそうになってしまって、すみませんでした」

「お忙しいところ、わざわざお出向きいただき、すみません」

あなたは、こうした言葉づかいを「普通のこと」と思っていませんか？

ごちそうしてくれたり、忙しいさなかに時間をつくって訪ねてきてくれた人に、なぜ謝らなければならないのでしょう。

本来こうした場合は「すみません」ではなく、「ありがとう」と言うべきです。

ところが、何かをしてもらえば「すみません」と言う。ものをもらっても「すみません」と言う。

何かにつけて「すみません」と言う人が実に多いように思います。

確かに「すみません」という言葉は、手間をかけたことへのお詫びの気持ちでもあり、ある面お礼の意味とも解釈でき、使い勝手のいい言葉です。

しかし一方の「ありがとう」には、「すみません」にはない「言葉の力」があります。

それは、自分も相手も、明るく、温かく、柔らかい気持ちにさせる力です。

試しに、鏡に向かって、「すみません」と「ありがとう」を言ってみてください。

きっと、「ありがとう」と言う時の方が、自然と表情も明るくなるでしょうし、声の感じも和らいでいるはずです。

あるいは誰かに「ありがとう」と言われた時のことを思い出してみてください。

「ああ、喜んでもらえたんだな」とか「役にたてて良かったな」と、自分の心も満足して、喜びに満ちた気持ちになるのではないでしょうか。

こうした感じは、「すみません」では得られません。

同じような意味合いのひと言でも、言う側も言われる側も、感じる気持ちに大きな違いがでてくるのです。


つい口癖のように「すみません」と言ってしまう人は、意識して「ありがとう」と言うよう心がけてみてください。

それまでは何の変哲もない会話だったのが、どこか温か味を帯びてくるはずです。

「○○でいい」と「○○がいい」では評価が違う

上司のお宅にお邪魔して、奥様からこう聞かれたとしましょう。

「お茶にしますか？　それともコーヒーにします？」

あなたはお茶が飲みたい。そこで、こう答えます。

「お茶でいいです」

実は、これもおかしな言いまわしです。

この答え方だと、「ほんとうは他のものがいいの？」という疑問を相手に与えてしまいます。

「○○でいい」という言い方には、実は「××の方がいい」のだけれど、とりあえず「○○でいいや」というニュアンスが含まれています。

実際のところは深い意味などなく、前項で記した「すみません」と「ありがとう」のように口癖になっていて、つい口をついて出てしまった言葉に違いありません。

しかし、間違った言葉づかいが口癖になっているところが問題なのです。

正しくは、**「お茶がいいです」**あるいは**「お茶をいただけますか」**と、自然に答えられるように改めるべきでしょう。

「なんだか、ずいぶん小さいところにこだわるね」

そんなふうに思う人もいるでしょうが、こうした口癖が習慣になっていると、思わぬところで「あなた」という人を評価されてしまいます。

たとえば、会社のミーティングで、A案とB案の二者択一の案件があったとしましょう。

そこで上司があなたに聞きます。

「オレはA案がいいと思うんだが、どう思う？」

「はい。私もA案でいいと思います」

確かにあなたもA案の方がいいと思っているのです。ところが上司はそう解釈しません。

「オレの意見に合わせなくていいんだよ。君自身の正直な意見を聞いているんだ」

そんなふうに注意を受けることにもなりかねません。

もてなしでも仕事でも、二者択一を問われたなら、「○○でいい」ではなく「○○がいい」と遠慮なく答えましょう。小さなことで評価を落としては損だと思いませんか？

うかつな専門用語は墓穴を掘るばかり

「誰にでも分かる」とタイトルされたパソコン雑誌の内容が、ほとんど分からない。実によく聞く話です。記事を書いている人にしてみれば、「この程度のことは常識。とうぜん分かるだろう」と思っているのでしょう。

「私にとっての常識は、相手にとっての非常識」

そんなふうに考えて、もうひと砕きして専門用語を説明してくれた方が親切です。

さて、この専門用語。最近はあらゆるシーンで登場します。

たとえば社内の会議の席で、

「顧客インサイトは、マーケティングだけにまかせておいてはダメです。実際に売り場に立ってこそ、ベネフィットを発見できるはずなのです」

「日本語で言え！」と思う人も多いのではないでしょうか。

パソコンのように、機能を解説する場合、業界内では「あたり前」とされている専門用語を使うのならまだしも、社内会議の時に、なぜ小難しい言葉にわざわざ変換して話をする必要があるのか。実に疑問です。

おそらくこうした人は、「いま流行の言葉」を積極的に使い、賢い印象を与えようとしているのでしょうが、**この手の発言に、管理職クラスの人たちは辟易《へきえき》しているのが現実。**その上ボロを出して失笑されることにもなりかねません。

「すまんが、そのインサイトというのはいったい何だ？」

もし、こんな質問が役員から飛んできたら、その人は何と答えるか。おそらく言葉に詰まってしまうことでしょう。

インサイトという言葉には、明確な定義がありません。あえて訳すなら、「消費者洞察の理解」とか「洞察の深堀り」といったところが妥当なところ。であるのなら、「消費者の購買傾向は、マーケティングだけでは分かりません。実際に売り場に立ってこそ、本当に求めているものが見えてくるはずです」と言えばいいのです。

ここでは「インサイト」という言葉をやり玉に挙げましたが、最近は、実に多くの専門用語が意味もなく飛び交っています。**できるだけ分かりやすく話すことを心がけ、相手の理解を促すことがビジネスの現場では「評価される話し方」といえます。**

リーダーの決めゼリフ「あなたの力が必要だ」

リーダーシップが強い人は「鼻につく人」と見られがちです。

しかし私はそう思いません。

リーダーシップを発揮するというのは、自分の考えていることをはっきり言うことであって、言わない人に比べれば、ずっと誠実だし、向き合っている物事に対して、真剣味が感じられる人だと思うのです。

サッカーの試合などを見ていると、動きの良くないチームメイトに対して激しく詰め寄る選手がいます。

私たちが見ている限りでは、その選手の動きが相手の得点につながるほど悪いようには思えなくても、実際に試合をしている選手にしてみれば、「ここでしっかり注意をしておかなければ」と思うのでしょう。

時としてそれがチーム内の不和を生み出すことにもなります。しかし、言うべきことを言わずにおけば、いずれ決定的なミスが起こるかも知れない。その時に、「言っておけば良かった」では遅いのです。

リーダーシップの強い選手はバッシングを浴びやすい反面、「アイツがいなきゃダメだな」という信頼感も得ている人が多いようです。

なぜなら、**物事をはっきり言うというのは、自分が言った内容に責任を持つということであり、人に主張できるだけの働きを自分でもしなければならないと心得ているからです。**

ただ、**はっきり主張する場合、相手に対する気づかいも必要です。**

もちろん、サッカーの試合のように限られた時間の中で結果を出すことが求められる競技では、言葉づかいの良し悪しを考えている時間はありません。

しかし、職場のプロジェクトなど、長い時間を共有しながら長期的に成果を出していこうとする集団にあっては、やはり会話は慎重に行うべき。不用意な言葉は、時として刃となって相手を無意味に傷つけます。

職場で自分の意見に従ってもらおうと思う時は、決して感情的にならず、「あなたの力が必要なんだ」ということを強調して話をすべきです。まずは相手の能力を認めた上で、自分の意見に従ってもらえるよう促すことが大事です。

自信があるときほど相手を尊重する言い方を！

人が集まれば、その人数分の意見があります。

「オレは今日、ラーメンが食べたい」と言う人もいれば、「ラーメンという気分じゃないな。カレーがいい」と言う人もいる。かと思えば、「たまには寿司でもいいんじゃない」などという人も。

この程度の話題ならば、誰かが強引に意見を押し通したとしても、たいした問題にはなりませんが、これが仕事のこととなると、かなり事情が違ってきます。

企画会議の席で、Aさんが自分のプランを発表したとしましょう。

すると、違うプランを持っていたBさんが、すかさずこう言います。

「いや、違うな。ぜんぜん的外れだよ。そんなんじゃなくて……」と、自分のプランを話しだします。

当然ながら、頭から自分のプランを否定されたAさんは面白くないわけで、Bさんが話すプランの内容は頭に入ってきません。

これは最悪のブレーンストーミングです。こうした会議を行っている以上、企画の着地点はいつまでたっても見つかりません。

ブレーンストーミングは、「自分と違う意見を頭から否定しない」ことが鉄則です。

したがって、この場合はBさんの話し方に問題があります。

本来ならば、こう言うべきなのです。

「確かにそうした考え方もあるよね。でも、私はこう思うんだけど……」

というように、いったんは、Aさんのプランを肯定しておいてから、自分のプランを発表するのがスマートな切り返し方です。

自分の意見や行動に自信がある場合、人は、相手に対する気づかいを忘れがちです。

その背景にあるのは、「これだけしっかり調べたのだから」という、明確な裏付けや、「私はこれだけのことをやってきたのだから」といった、経験があるからに他なりません。

ただ、その裏付けや経験を振りかざすため、相手の意見を「それは違う」と一刀両断して一方的に押し付けたのでは、相手は反発心を持つだけです。

自信があり、ぜひ通したい意見であればこそ、言葉の使い方は気をつけたいものです。

できない相談にははっきり「ノー」と言う

「これ、お願いしても大丈夫？」と聞かれると、反射的に、

「大丈夫だと思います」

と答える人がいます。こうした返答は、問いかけた人をとても不安にさせます。

大丈夫なら「大丈夫です」と言いきって欲しいし、自分の仕事で手一杯な状態であるなら、「今は無理です」と言ってもらった方がいい。「だと思います」というあいまいな表現は、後々、人間関係をこわすことにもなりかねません。

反射的に「だと思います」と言ってしまう人には、いつでも相手の顔色ばかりを気にしていて、無理にでも相手のリクエストに「応えなくてはならない」と考えている人が多いようです。

「ここで、ノーと言ったら、相手が気分を害してしまうかも知れない」と恐れるあまり、ほんとうはできそうもない仕事でも引き受けてしまう。

そして、その逃げ場にしているのが「だと思います」という弱気な言葉なのです。

確かに、人に対する気づかいは大事です。少々のことなら自分の時間と労力を犠牲にして、相手を気づかうことが、良い社内コミュニケーションを生むことは間違いありません。

ただ、人に気をつかうことと、自分の言いたいことを我慢するのはまったく別の話です。あきらかに余裕がないのに、申し入れを断りきれずに引き受けてしまえば、相手の仕事はおろか、自分の仕事まで中途半端になってしまう場合も少なくありません。

これでは、相手に対しても会社に対しても迷惑をかけることになり、「だったら、最初から無理って言ってくれよ」と気まずい雰囲気をつくり出してしまうことにもなりかねません。事実、頼んだ相手にしてみれば、後になって「まだ、できていません」とか「できませんでした」と言われることほど迷惑なことはありません。

「ノー」と言えない人というのは、人から「嫌われたくない」という気持ちが強いようです。しかし実際には、**人に頼みごとをして断られたからと言って、断った相手を嫌う人など、そうそういるものではありません。**

ほんとうに人を気づかうつもりなら、「申し訳ありません。あいにくいま手一杯なんです」と申し入れを断る勇気を持つことです。

状況に応じて話すスピードを変える

人の話を聞いていて、もっとも聞きやすいのはNHKのニュースを読むアナウンサーの語り口だと言います。

もちろんそこには、「話のプロ」としての滑舌の訓練もあるのでしょうが、確かに彼らの話しぶりはニュースの主旨が伝わりやすく、聞いている方も安心感が持てます。

その一番の要因は、話すスピードにあります。

私たちは彼らの話しぶりを聞いていて、「ああ、このアナウンサーは聞きやすいな。それに真面目な人なんだろうな」などと憶測してしまう場合があります。

つまり**話すスピードは、人の性格までをも印象づけることになるのです。**

早口の人は、せっかちで神経質な印象を与えます。

良く解釈すれば、てきぱきとした「切れ者」ともとれますが、見方を変えれば「がさつな人」という印象を与えることも少なくありません。

そうした人が上司になると部下はちょっとやりにくい。途中で質問をはさむ余地もないほど矢継ぎ早に指示を出し、部下の方はすっかり萎縮してしまいます。

逆に、しゃべるのが遅い人は、熟考型の「のんびり屋」の性格と見られがちです。

ただ、しゃべるのがあまりに遅い上司だと、「ドンくさい」「頭の回転が鈍そう」というマイナスのイメージも生まれますが、早口過ぎる人よりは「人がよさそう」というプラスの印象を与える場合もあります。

では、上司としてはどちらが向いているのか。これは一概には言えません。

日常の話し方が早いか遅いかではなく、肝心なのは、状況や相手に応じた話し方ができるかどうかです。

仕事のこみ入った話をする時に、早口でまくしたてたのでは部下は面食らってしまいます。逆に、決断まであまり時間がないという時に、のんびりした口調で指示を出されたのではイライラしてしまいます。

つまり、**TPOに応じて話すスピードを変えられるのがバランス感覚のいい上司**と言うことができるでしょう。そしてこれは、資質ではなく意図的な訓練で改善されます。NHKのアナウンサーでも、最初から好印象を与える話し方ができるわけではないのですから。

覚悟を決めて「大丈夫？」とひと声かける

困っている人を見て「大丈夫ですか？」とあなたは声をかけられますか？

「あたり前じゃない」

ほんとにそうでしょうか。私には、その「あたり前」のことができない人の方が多いように思えます。

私の知人が銀座を歩いていて、突然貧血を起こしてうずくまってしまった時、大勢の人が行き交っているのに、誰も声をかけてくれなかったと言います。

知人はその薄情ぶりを嘆いていましたが、仮に私が同じような人を見かけたとしても、

「もしかするとこの人は、ただ座り込んでいるだけかも知れない」

「自分も急いでいるし、さほど深刻そうじゃないから、大丈夫だろう」

などと都合よく思い込んで、通り過ぎてしまうことも十分考えられます。

なぜ多くの人がそうした態度をとるのかというと、「大丈夫ですか？」と声をかけたら、

その後の責任も全うしなくてはならないことを薄々分かっているからです。

もし仮にあなたが、うずくまっている人に声をかけたとして、「だめです。救急車を呼んでください」という答えが返ってきたらどうでしょう。

声をかけたあなたは、救急車を呼ぶべく奔走しなくてはなりません。となれば、とうぜんその後の予定は狂ってしまいます。

あるいは会社で、同僚の仕事が就業時間をとうに過ぎても終わりそうにもありません。そんな時あなたは、「大丈夫かよ。手伝おうか？」と声をかける気概があるでしょうか。もしかするとその作業は、夜遅くまでかかるかも知れませんし、徹夜になる可能性だってあります。それでもあなたは、声をかけることができるでしょうか。

それができる人は、自分の状況がどうだとか、相手がどういう人かを考える前に、とっさの行動ができる「善意の人」です。

そして、困った人や見知らぬ人に、いつでも「大丈夫？」と声をかけられる人は、人から嫌われることがありません。

「自分のことを気にしてくれる人を気にする」、人間にはそういう心理があるもの。時には覚悟がいるかも知れませんが、「大丈夫？」のひと言は、いずれあなたを救います。

まず自分のことを話すと相手も話しやすくなる

結婚したいのに、結婚できない男性が増えていると言います。

その理由は、合コンなどで女性と向き合った時に、「何を話していいか分からない」「話のきっかけを、どうつかんでいいか分からない」というものが圧倒的に多いそうです。

当然そうした人は、女性と向き合った瞬間から緊張して、ひと昔のテレビドラマでよく見た、お見合いシーンのようなお決まりの質問をしてしまいます。

「あの……、ご趣味は何ですか」

ご存知の通り、もはや今の時代、こうした切り出し方ではお話になりません。

ここではやはり、できるだけさりげなく、相手が答えやすい話から切り出したいもの。

たとえば、

「ボクは、○○県の生まれなんだけど、○○さんの出身はどこ？」

「魚とお肉ならどっちが好き？　ボクはだんぜん肉派なんだけど？」

などと、まず、自分の簡単な自己紹介をしながら、誰もが答えられるような質問をするのがいいようです。

自分のことから話すというのは、自己PRする意味もありますが、むしろ先に自分の情報を提供することによって、相手が答えやすい心理になる。そんな作用があるからです。

実はこれ、相手が女性に限ったことではありません。

人と人とは、無意識のうちに「相手が打ち明けてくれたことと同等のことについて打ち明けなくてはならない」という心理的なバランスが働くものです。自分が先に打ち明けたことによって、相手に「打ち明けてもいいかな」という気にさせる気づかいとも言えます。

ただし、「ボクは○○大学出身なんだけど、○○さんは大学どこ?」

などといった質問は、相手に対してまったくデリカシーのない質問と言えるでしょう。聞いた本人より、相手が偏差値の低い大学であったり、もしくは、高校を卒業してすぐに就職したという人もいるはずです。そうなってしまったら、口ベタの人が会話を発展させていくことは難しくなるのは間違いありません。

また、政治や経済、宗教などの小難しい話題や、家庭環境などの立ち入った話題もNG。**気軽な話題をまず自分の方から。これが話のきっかけづくりの原則です。**

説得したい時は低い声でゆっくりしゃべる

犬の健康維持のために、愛犬家の間では近ごろ、「ホリスティックケア」という考え方が注目されています。

これは犬の「行動心理学」に基づいたアプローチで、体と心のバランスを保てるよう改善しながら、病に対処していく、日本では新しい施術療法です。

この概念に基づくと、犬にストレスを与えない第一の気づかいは、声のかけ方であり、**犬には「低い声で、ゆっくり話す」ことが良いとされています。**

よくありがちな飼い主の悪い接し方は、

「○○ちゃん、いい子ねえ〜、おいで、おいで〜」と高い声をあげながら、犬に向かって声をかけることがありますが、こうしたアプローチは犬にストレスを与え、かえって言うことを聞かないのだといいます。

実はこれ、人間にもまったく同じことが言えるのです。

一般的に「高い声」というのは、「女性的である」「若々しい」「明るい」「愛嬌がある」などのイメージでとらえられがちです。

確かに女性の高い声は、溌剌とした若さを感じさせることが多いのですが、これも行き過ぎると頭にキンキン響いてうっとうしく感じる時もあります。

逆に「低い声」の人には、「男性的である」「大人っぽい」「落ち着きがある」「威圧的である」などといった感じを受けます。

したがって、相手を脅かしてやろうと思う時は、高い声でキンキンまくしたてるよりも、低い声で迫った方が「怖さ」を演出でき、説得力も増します。

つまり、**声の高さが、相手の心理にどのような効果を与えるかを知っておけば、ケース・バイ・ケースで効果的に使い分けることが可能なのです。**

たとえば、仕事先で相手に信頼感を与えようと思ったり、説得しようと思う場合は、あえて声を低く抑えて、話すスピードもゆったりとした分かりやすい話し方をすることによって、余裕ある態度を演出できるでしょう。

逆にプライベートで異性と接する場合は、やや声のトーンを高めにして、明るさや親しみやすさを醸し出すのが効果的。相手はあなたにより好印象を抱きやすくなるでしょう。

落ち込んでいる人の性格別・励まし方

落ち込んでいる時、人は自分を否定し、孤独感を感じています。

仕事でミスをして上司からこっぴどく叱られた時、周りの人は気づかって、いろいろな言葉をかけてくれます。

「大したミスじゃないって。あまり気にするなよ」

「課長もあんな言い方しなくてもいいのにな。元気だせって」

「先方にもミスはあると思うよ。あなただけの責任じゃないよ」

そんな言葉の数々が、どれも空虚なものに思えて仕方ない。誰にでも経験があることではないでしょうか。

落ち込んでいる人を励ますというのは、なかなか難しいものなのです。

実際のところ、落ち込んでいる人に「こんな言葉をかければいい」というマニュアルはありません。落ち込んでいる原因や深刻度、あるいは、その人と自分の親密度を考慮しながら、自分なりの考えで言葉をかけるしかないのです。

とくに気づかいたいのは、相手の性格です。

プライドが高く責任感も強い、そして怒られたこと以上にミスした自分が許せないというタイプの人には、

「どうしたんだよ、こんなミスをするなんて。オマエらしくないじゃないか」

と明るく声をかけるのがいいでしょう。これは、相手のプライドを尊重しながら、「大したミスじゃない」ということを遠回しに示唆する言い方です。

逆に「ミスについて触れて欲しくない」という人には、

「ちょっと気になる店を見つけたんだけど、今日、仕事が終わったら寄ってみないか」

と気のまぎれるような提案をしてみるのも一つの手です。ここには、「もし、何か言いたいことがあるならオレが聞いてやるよ」という、さりげない気づかいが含まれています。

落ち込んでいる時は、その人の孤独感を癒してあげようというところから始めることがいいようです。

「あなたは孤独なんかじゃない。少なくとも私はあなたの味方なんだ」

そんなメッセージが伝わるように話しかけるのがベストです。

思いやりは言葉や行動に表してこそ伝わる

ところであなたは、自分が落ち込んでいる時、人の言葉を素直に受け入れられますか？「なぐさめの言葉なんて必要ない。放っておいてくれ」と思う人も案外多いのではないでしょうか。

そんな人は、自分でもそう思うのだから、落ち込んでいる時は声などかけずに「あえてそっとしておいてやる」方が正しい対処方法のように思うかも知れません。

しかし、ほんとうにそうでしょうか。

よく考えてみてください。落ち込んでいるあなたの気持ちがほぐれ、前向きに物事を考えられるようになったきっかけは、何だったのか。

おそらくそれは、人からかけられた「言葉」だったはずです。

確かに、落ち込んでいる状態の人というのは、「なぐさめが欲しい」と思う余裕もないほど、心が冷え切っているものです。その冷え切った心を溶かし、強張った気持ちをほぐしてあげられるのは、近しい人の「気持ち」に他なりません。そして、気持ちを伝えることができるもっとも有効な手段は「声をかける」ことなのです。

したがって、相手のことがほんとうに心配ならば、そっとしておくよりも、どんなことでもいいので声をかけることが大切なのです。

しかし、ほんとうに強くショックを受けた人は、やはり声をかけてほしくないもの。

そんな時は無理に声をかける必要はありません。そのかわり、いたわりの気持ちを態度で示してあげるべきです。

肩を一つ「ポン」とたたいてあげる気づかいをするだけでも、相手にはさまざまなメッセージが伝わるはずです。

また、相手をなぐさめる時に限らず、気持ちが重くなりすぎて、「言葉にできない」ときもあります。そんな時にも、無理やり言葉にしようとすると、かえって思いが逃げていき、言葉を重ねれば重ねるほど、薄っぺらなものになってしまう場合もあります。

ただ、言葉にもしない、行動でも表さないというのでは、自分の思いが相手に伝わることはありません。言葉にできないなら、しぐさや態度で表すこと。それだけでも、自分の思いは十分に伝わるはずです。

話しかけるタイミングの上手い人、下手な人

レストランに入ってメニューを開いたとたんに、

「お決まりになりましたか」とオーダーを取りにくる店員さんがいます。

「お決まりになりましたかって、いまメニューを開いたばかりだよ！」

もちろんそんなことは言いませんが、こうした気の利かない店員さんには、かなり「ムカッ」とくるものです。

食事の楽しみは、メニューを開いた時から始まっているのです。

「ああ、これが美味しそうだな」とか「こっちも魅力的だな」とか、いろいろ迷いながら、最終的に、「やっぱり、これに決めた」と結論を出す。いわば、その間は、空想でさまざまな料理を味わっているのと同じです。

同じ声をかけられるにしても、

「お客さま、こちらが今日のおすすめです」と、お店の一押しメニューをさりげなく勧め

てくれれば、「あ、そうなの」と選択肢がぐっと狭まるもの。こうしたひと声は、上手な気づかいと言えるでしょう。

人にものを聞く、あるいは声をかけるには、それぞれの場面において、タイミングを見計らうことが大事です。

特にそれは、職場におけるコミュニケーションの中で顕著に表れます。

たとえば、**部下が上司に決裁を仰ごうとする時、上司が忙しそうにしている時に平気で声をかけてしまう人がいます。**こうした人は、かなりの重症です。

「オレがいま忙しいってこと、見てて分かんないのか！」と上司の激怒は必至。

決裁の印鑑を押される前に、相手の状況がまったく見えない「ダメ社員」の烙印を押されても仕方ありません。

また、資料を渡して読んでもらう場合に、読んでる真っ最中に「どうですか？」と聞くのもよくある「ダメ社員」の事例です。

人にものを聞く時は、相手の気持ちを急かしてはいけません。

昼食の後や、お茶を飲みながら一息ついている時など、時間にゆとりがありそうなタイミングを見計らって尋ねた方が、相手は大らかな気持ちで接してくれます。

5章のまとめ

- □ 「私たち」「われわれ」を上手に使おう
- □ 反感を買わない言い方は「あなた」ではなく「私」で
- □ ものをすすめるとき、頼むときは
  プレッシャーをかけない言い方を
- □ すぐ「すみません」と卑下する口ぐせは損するだけ
- □ 格好つけた言葉を言うと評価を下げる
- □ 自信がある人ほど「相手を軽視」して失敗しがち
- □ 話すスピードにも意識を置く
- □ 人は、「打ち明けられたこと」と同レベルのことを
  打ち明けたくなる
- □ 「低い声」の力を使う
- □ 相手の性格によって、励まし方を分ける
- □ 話しかけるタイミングで、反応は大きく変わる

この章で気づいたこと

6章　アドリブの達人になれるコミュニケーションのヒント

ミスしたときこそ「光背効果」を生かす

仕事で失敗をすれば誰でも落ち込むものですし、人から優しい言葉をかけられたとたんに、「そりゃそうだな」と、まるで手のひらを返したように気持ちを切り替えられる人は、そうそういません。

どんなに強気な人でも、失敗したその日くらいは仕事が手につかず、「しおらしく」してしまうでしょうし、気持ちもふさぎ込んでしまうはずです。

ところが、何日たってもクヨクヨして、ため息ばかりついている人がいます。

そうした人は、ちょっといただけません。

良く解釈すれば「ナイーブな人」とも言えますが、終わったことにとらわれて、いつまでもグズグズしていると「弱い人」という印象で見られてしまいます。

もっと言えば、さすがに周りの人も口には出しませんが、「おいおい、まだ立ち直らないのかよ。困った人だね」と周囲をイライラさせて、犯した失敗以上に職場に迷惑をかけることにもなりかねません。

一方、**自分のミスはミスとして認めて、翌日から気持ちを切り替えて仕事に臨める人は、その精神的な「タフ」さから、周りの人にも安心感を与えるものです。**

特に上司は、失敗したらそれを潔く認めて、たとえその時は落ち込んだとしても、そこから這い上がってくる部下に、「将来楽しみだ」と成長の芽を見るものです。ところが、いつまでも立ち直れずにいたり、自分の失敗を認めず、「いや、これは取引先の方にも責任がありまして……」などと言っている部下には、決していい感情を持ちません。

「タフさ＝優れた面」を持っていると思われた人は、他の面でも「何かいい面があるんじゃないか」と期待されるものです。

これを心理学では、「光背効果」と言い、その人の卓越した一面を見せられると、その印象があまりに強いがゆえに、他の劣っている面が見えなくなるというものです。

仕事で失敗した時は、ぜひこの効果を活用してほしいものです。

立ち直りが早く、「タフな人」という優れた面をアピールすることによって、「失敗したこと」は周りの人から見えなくなります。逆に、失敗したことを引きずっていると、周りの人の心から、いつまでたっても「失敗」が消えることはありません。

急にスピーチを頼まれたときの「アドリブの鉄則」

ジャズの醍醐味は、なんといってもアドリブの妙です。

トランペットの帝王と言われたマイルス・デイヴィスは、同じ曲を演奏しても、ただ一度として同じ演奏をしたことがないと言われます。またレコード（現在はCD）では8分程度の演奏を、ライブでは15分も延長してアドリブ演奏していたという逸話もあります。

こうしたことはマイルスに限ったことではなく、「一流」と言われるジャズミュージシャンの誰にも共通していることです。

もし仮に、そんな一流ジャズミュージシャンが、歌謡曲のバックで演奏したとするとどうなるか……言うまでもなく、曲はめちゃくちゃになって、お客さんは完全にシラケてしまうのは間違いありません。

つまり、どれだけ優れたアドリブでも、状況とタイミングをわきまえずに披露すれば、雑音以外の何物でもないのです。

これは話をする場面でも同じことが言えます。

たとえば、結婚式で長々と話をして招待客を退屈させてしまうスピーチ。こうしたものには、たいてい下手なアドリブが混ざっているものです。

その場で急にスピーチを求められた場合、新郎の友人は過去の女性関係に触れ、長々と話をする人が多いそうです。

こうしたものはアドリブなどではなく、下品な思い付きにすぎません。とうぜん来賓のお客さまは苦笑いするしかないでしょう。

一方、突然のことであっても優れたアドリブ・スピーカーは、新婦の容姿について触れるそうです。またそれが一番無難な話題です。

「こんな美しい人は、彼にはもったいない」

「自分が、いま新郎の席にいたら、どんなに幸せなことか」

などと、**本心は別のところにあったとしても、その場の状況において、「一番持ち上げなくてはならないのは誰か」を瞬時に判断して、当たり障りのない話をすべきです。**

とはいえアドリブで話すのは、確かに難しいことです。そのためには、その場の状況とタイミングをしっかり把握すること。ビジネスシーンでこれができれば一人前です。

人の失敗を吹聴すると損をする

同期入社のライバルが、大きなプロジェクトに挑んでミスをした。「だから言わないことじゃない。ここでオレに差をつけようと思って、あんな大それたプロジェクトを企画するからミスるんだ。いい気味だ」と、内心、ほくそえんでいる。

自分さえ黙っていれば上司も彼のミスに気づくことはない。そのライバルとは、次期係長のポストを争う関係にある……。

もし、あなただったらライバルのミスを黙って見逃すことができるでしょうか。それとも、上司に報告して、ライバルの評価を落とそうと画策するでしょうか。

ポストレスと言われる時代、仕事上でのちょっとしたミスは出世争いに決定的なマイナスポイントになると考えている人も多いようです。しかし実際のビジネスの現場では、一度や二度、上司が気づかない程度のミスをしたところで出世に影響することはありません。

むしろ評価の決め手となるのは、「ミスから、どう立ち直るか」を見せること。それは前項でも記した通りです。

したがって、**ミスを上司に報告するということは、ライバルに立ち直りのチャンスを与えるようなもの。決して得策ではないのです。**

そればかりか、小さなミスを恐れてダイナミックな仕事ができないのに、「ここぞ」とばかり同僚のミスを報告する人に、上司はいい感情を持たないはずです。

大きなプロジェクトを立ち上げれば、当然リスクは発生します。上司がミスを知れば、ちょっとした叱責はあるかも知れませんが、「そこからどう立ち直ってくれるか」と期待しているのは間違いありません。

一方、「失敗したくない人」というのは、そうした場所に、「絶対に自分の身を置かない人」という見方をされる場合もあります。いわば、大きな案件に手を出すこともないため、決定的なミスを犯すことはない。その反面、大きな利益をもたらすこともない「ちまちました人材」、そのように見られてしまいます。

「ライバルを蹴落とすため、ライバルの失敗を吹聴する」ということをよく聞きますが、これはあまり効果的なやり方ではありません。むしろ「敵に塩を贈る」ことになり、自分が損をしてしまう場合もあります。

板挟みになったら互いの妥協点を見つける

広告代理店の営業マンは、8割の人が胃腸をこわしていると言います。

理由は単純。いつも、クライアントの思いと、クリエイティブ担当者の主張の板挟みになって気をつかっているからです。

もとより、「広告は誰のものか」という原則論から言えば、当然ながら、お金を出すクライアントのものです。しかしながら、「誰のためにあるのか」ということになると、それは、とりもなおさず消費者のためのものに他なりません。

だからこそ、クライアントとクリエイティブは、なかなか相容れない場合が多い。

クライアントとしてみれば、自社の製品のいい所をたくさん言いたい。一方、クリエイティブにしてみれば、「あれもこれも言い出したら、消費者は見向きもしなくなる」と、プロの意見で、その思いを突っぱねてしまう。

そこで板挟みとなった営業担当の胃が、「キリキリ」と傷みだすわけです。

しかし、ここが営業マンとして「優秀か否か」を判断される局面でもあります。クライアントとクリエイティブの意見が平行線をたどった時、互いの相手にこう問うのがいいでしょう。

「ならば、妥協点はどこでしょう？」

実際のところ、高いお金を出して広告を打つというのに、自分たちの思いがまったく反映されないというのは、クライアントとしては納得がいかないはずです。かたや、製品の魅力を伝えるプロとしてみれば、消費者に伝わる手法から逸脱したものをつくるわけにはいかないという思いもあるでしょう。

しかし、そんな両者の思いを中継しているだけでは、いつまでたっても仕事は前に進みません。ならば互いに譲りあえるポイントを挙げてもらい、なんとか落ち着きどころを見つけることが、板挟みとなった時の営業マンの腕の見せ所です。

そして、それぞれの相手に言う場合は、「この点については、私が先方に譲らせました。ただ、こちらの点については……」と、まずは「あなたの主張を、私がねじ込んできましたよ」というひと言を言ってから交換条件を切り出すことがセオリーとなります。

これは広告営業に限らず、仕事で板挟みになった時の極めて高度な気づかいです。

妥協は相手の譲歩を引き出す呼び水になる

やる気に満ちた若い人の中には、「妥協」という言葉に対して、どこか人に屈するイメージを持つ人もいることでしょう。

しかし、仕事を進めていく上で、「妥協」することが大きな力になることがままあります。自分の主張を「ちょっとだけ引く」ことで、停滞していた流れがスムーズになる。前項でも記した通り、**意見が対立して平行線を辿っている時は、自分の意見を少しだけ引くことで、相手の譲歩を引き出す「呼び水」になることがあります。**

百貨店の苦情処理担当者などは、まさにそのプロフェッショナルです。

彼らはお客さまからのクレームに対しては、それがどんなに理不尽なものであっても、一切反論することはなく、

「おっしゃる通りでございます」、「ごもっともでございます」

と、完全に同意してから会話を始めるそうです。

そうすることでクレームを入れたお客さまは、「どうやら、アンタは話が分かるようだな。でも、店員たちの態度はひどいぞ！」となる。これは、激怒している相手に同意することによって、お客さまを一回納得させる心理的な操作方法です。

このように、相手が言うことには一切否定的なことを口にせず、しばらくやり取りを続けているうちに、相手は自分の主張に同意してくれたと思い込み、それだけで気がすんで、事なきを得る。これがほとんどのパターンだと言います。

ところが、クレーム内容や、相手の言い方に「カチン」ときて、少しでも自分の会社の正当性を主張しようものなら、相手の怒りの火に油を注ぐことになって収拾がつかなくなります。

それを避けるためにも、苦情処理担当は**「徹底的同意」**を基本として、時には相手と一緒になって、店員の質の悪さや自分の上司への不満などをも小出しにするのも効果的であるようです。

「妥協」するのも、これと同じ要領です。自分が先に「引く」ことによって、相手に「より多くのもの」を譲歩せる心理作戦なのです。

謝罪には「LEADの法則」を活用する

仕事で何かミスをした場合は、誠心誠意謝ることが何より大事。

その気持ちが伝われば、相手だって悪い気はしない。何を置いても、まずは菓子折を持って出かけていき、しっかり詫びて、頭を下げることに尽きる。

これは、きわめて情緒的な日本流の「詫び方」です。

しかし、それですべて解決するかといえば、実際のところはそうではありません。どれだけ相手に誠意が伝わったとしても、起こしたミスを「どう解決するのか」がない限り、詫びの言葉は宙に浮いたままです。

私は以前、「謝罪の研究」をしたことがあります。そのおりに導き出した結論は、**いきなり謝る、詫びを入れるということは必ずしも解決に結びつかない**ということです。

いきなり「申し訳ございません」と言って深々と頭を下げるのは、問題の核心をごまかして、解決すべき問題を「シャットダウン」しているとも解釈できるのです。

したがって、謝罪された方としては、気分はいいのですが、「謝ってもらっても、何も解決しない」という思いがくすぶっている。そして、そのくすぶりは、どれだけ謝られても消えるものではありません。それでもなお、ひたすらに頭を下げる相手を見ていると、何だか急に腹立たしさを覚えて、「謝罪はもういい！　どう解決するんだ」と、逆に火に油を注ぐことになってしまうケースが少なくないのです。

こうした場合は「LEAD法」が役立ちます。この方法はアメリカの企業組織の研究者ポール・G・ストルツ博士が提唱するものです。

Listen（聞く耳を立てる）
Explore（探検する）
Analyze（分析する）
Do（実行する）

という四つの手順で相手に臨むことです。

つまり、ミスが起こった経緯の事実関係の情報を深く収集して分析、整理する。その上で、どうすればいいかを決めて、相手に提案する。

本質的に相手が求めているのは、菓子折よりも謝罪よりも、問題の解決策なのですから。

ローリスク・ハイリターンのポジショニング

株の世界では、「ハイリスク・ハイリターン」、「ローリスク・ローリターン」という言葉がよく使われます。

いわゆる前者は、大きな金額を投資するため株価が下がった場合はリスクが大きいが、上手くいけば大きなリターンが期待できる。かたや後者は、投資する金額が小さいのでリスクも小さいけれど、株価が上がった時のリターンも少ない。

この言葉は、人生のあらゆるシーンで人の決断の指標となるもの。もちろんビジネスにおいても大いに参考にすべき言葉です。

たとえば、大きなプロジェクトを立ち上げた時、そのリーダーとなる人には計り知れない重圧がかかります。しかしながら、プロジェクトが成功すれば、その人はまさしくヒーロー。会社の利益向上にも大きく貢献でき、出世の決め手になることもあるでしょう。

ただ、リーダーとなってトップを走るということは、風当たりも強くプレッシャーがかかるもの。途中でつぶれてしまうことも考えられます。

そこを考えるとビジネスシーンにおけるベストポジションは、最初から大きなリスクを背負わず、力を温存できる「二番手」ということが言えるのです。

最初のうち風当たりの強い先頭は誰かに走らせて、二番手を走り続ける。

この手法で進んでいけば、走り方のノウハウは先頭ランナーが教えてくれますし、もし、先頭の人が途中で脱落していったとすれば、トップの座は自分に回ってくるわけです。

トップランナーが、そのまま走り切り、プロジェクトを成功させたとしても、二番手でリーダーを支えた人には「素晴らしい参謀だった」とその働きぶりを評価されることは間違いありません。

いわばこれを、先の「株用語」に置き換えるなら、**「ローリスク・ハイリターンのポジショニング」**と言うことができるでしょう。

中には、こうしたことを考えること自体に、「あまりに策略的ではないか」と異論を唱える人もいるでしょうが、それは違います。

プロジェクトの最終目的は「最後まで頓挫させないこと」に他なりません。そこが半ば賭けの要素を含む株とビジネスの違いです。

尊敬する上司を徹底的にマネてみよう

「ファッションリーダー」と呼ばれる人たちがいます。

これはもともと、あるファッション雑誌の編集者が、自分たちの雑誌に載っているファッションスタイルを、多くの若者に真似てもらい、ムーブメントを起こそうと、登場するモデルさんを「おしゃれのリーダー」として仕立て上げたことから使われ始めた言葉だといいます。

ところがいつしか「ファッションリーダー」は、仕立てられたモデルではなく、その人の個性が浮き彫りになった「おしゃれさん」を指す言葉となり、一般的にも広く使われるようになりました。

もしかすると、あなたの会社にもファッションリーダー的な上司や先輩がいるのではないでしょうか？

洋服のセンスはもちろん、ネクタイの柄や靴やバッグなど、隅々まで気配りがなされていて、どこから見てもスキがないという人が。また、身なりに気を使える人というのは、気持ちに余裕があるため、仕事だってスマートにこなせるはずです。

もし身近にそんな上司や先輩がいるのなら、徹底的にマークしてマネしたいものです。

行動心理学では、「人のマネ」は「同調行動」の一種とみなされています。

同調行動とは、その人の意見や考え方に同意する、あるいは支持するということで、相手に対する好意や敬意を抱いているとみなされます。

つまり、上司や先輩のマネをするということは、

「あなたに好意を持っています」

「私はあなたについていきます」

というメッセージを間接的に相手に伝えているわけです。

部下から同調されたり、好意や敬意を持たれれば、誰でも悪い気はしません。「なかなか、かわいいところがあるじゃないか」と何かと気にかけてくれることもあるでしょう。

そうした心の変化は、心理学的にも立証されているのです。

もちろん、いきなり仕事のしかたを、マネしようとしてもできるものではありません。

まずは、ネクタイの趣味あたりからマネしてみるといいでしょう。

マネしようとすると相手の本性が見えてくる

ものマネを得意とするある芸人さんが面白いことを言っていました。

「一度もお会いしたことのない方でも、ものマネをしている時は、その方の人格になりきっているんです」

この芸人さんの言っていることは、ある面矛盾しています。しかし、とても面白いし大いに納得できるものです。

どこが矛盾しているかと言えば、一度も会ったことがないのに、その人の「人格になりきる」ことは不可能です。

かたや、私が面白いなと思うのは、心理学的な側面から見ると、人の特徴は何か、どのようなしぐさをしているのか、話す時のしぐさや癖はどうか、趣味や好みは……このように、人マネをしようと思って相手をじっくり観察しているうちに、その人の性格や人となりなどがだんだん分かってくることがあるからです。

たとえば会社の上司をマネようと観察していて、

「○○課長は、身のまわりや服装もきちんとしていて、几帳面だと思っていたけど、あの気のつかい方は、几帳面というより神経質なタイプかも。こちらが思っている以上に、いろいろと細かい点をチェックしてると思った方がいいな」

などと、その上司の隠れた一面を発見する場合が少なくありません。

これは上司に限ったことではありません。

人は誰でも「他人からよく見られたい」という願望を持っています。その願望が表れた時は「対外的に演出している自分」なのですが、「本当の自分」はその下に隠されていて、ふとしたしぐさや言葉づかいに表れることがあります。

これを見逃してはいけません。

社内で上手に立ち回り、相手に気に入られるためには、相手の性格や本音を知ることが大事です。上司や先輩をマネしようと観察していると、人が知ることのできない、こうした「おまけ」までついてくるのです。

「おまけ」と言うよりむしろ、**人のマネをすることの一番のメリットは、人を観察する習慣が身につき、相手の本性や本音を見抜く力が養われることかも知れません。**

できる人が失敗すると好感度が上がる

失敗は人の評価を下げるだけではありません。失敗を上手にコントロールできれば、人は今まで以上に好感度を上げることも可能です。

それを実証したアメリカの研究を紹介しましょう。

商談中にビジネスマンが、コーヒーを飲もうとしてうっかりこぼしてしまい、その時に相手が、コーヒーをこぼした人に対して「どのような評価をするか」、ということを調べたものです。

ただ、そこには次のような背景があります。

コーヒーをこぼした人は、ものすごく優秀な人。

普段は切れ者で通っていて、失敗などとは縁遠いと思われている人が、なんとコーヒーをズボンにこぼしてしまった、というものです。

これを見た人たちは、コーヒーをこぼした切れ者に対してどんな感情を抱いたか。

圧倒的に、「親近感を覚えた」という意見が多かったのです。

つまり、**「今までと印象を変えよう」と思うなら、時には失敗して見せることも有効である**ということがこの研究で分かったのです。

ただしそこには、先に記したような「前提条件」があることを忘れてはいけません。きちんと相手と対話ができる能力や、いま何をどういう順番ですべきかをわきまえた人が、突然何かの拍子に失敗してこそ、そこに人間味が感じられるのです。

もしあなたにその自信があって、「もっと人望を集めたい」と思うなら、この心理作用を上手に活用してみるといいでしょう。

私自身、大学で授業をするさいに、意図的に板書を間違えることがあります。もちろんすぐに訂正しますが、その後、簡単なテストを行うと、板書で間違えた箇所の方が学生たちはよく覚えていたりするものです。

わざと失敗をする、間違えるというのは、かなりリスキーで、高度なテクニックですが、これを上手に活用できれば、あなたに対する評価は確実に変わるはずです。

ただ、自分自身を客観的に見て、「いまいちイケてないな」と思うのなら、失敗や間違いを起こさぬよう心がける方が無難でしょう。

イヤな思いをしても3分後には忘れる

ちょっとした言い合いをしたり、小さなミスをして叱られた時、その後に残るイヤな感情を引きずって、いつまでもくよくよしている人がいます。

「そうした性格なものなんで」

そう言われてしまえばそれまでですが、その性格は直した方がいいと思います。というより、直した方が得です。

このタイプの人はたいていの場合、自分の気持ちはすでに落ち着き、良くも悪くも納得できているのです。むしろ、気になるのは相手のこと。

言い合いをした相手に対して、

「ちょっと言い過ぎちゃったかな」

「気分を悪くしただろうな」

などと考えて、自分の方が暗く落ち込んでしまっている場合がほとんどです。

率直に言うならば、多くの場合、**相手は、ちょっとした口論のことなど、すでに頭の中に残っていません。**そんなことはとうに忘れて、他の人と楽しく話をしたり、酒を飲んで充実した時間を過ごしているはずです。

善意に解釈すれば、イヤな思いをいつまでも引きずる人というのは、心がデリケートな人とも言えるでしょうが、それも度を過ぎると、周りの人が迷惑します。

イヤな思いを引きずってくよくよしていると、それは必ず表情や言葉に表れてしまうもの。ムスッとした態度をとったり、グズグズして緩慢な行動になったり、あるいは呼ばれてもボンヤリして返事をしなかったりと。

最初のうちはみんなも「どうしたの」と気づかってくれるでしょうが、それが長いこと続くと「彼女、どうかしちゃったんじゃない」と、反感を買うことになります。

また、こうしたタイプの人は「打たれ弱い人」というイメージを植え付けてしまい、ここ一番の大仕事には「彼女じゃ無理だよね」ということになってしまいます。

もちろんトラブルの大きさにもよりますが、**多少の口論や小さなミスは、3分後には頭の隅においやって忘れてしまうことが肝心。**

性格を変えるのは大仕事ですが、これができると人生そのものが変わります。

自然体でいられるという上級技術

「この人といると楽だな」

そんなふうに思える人が、きっとあなたの周りにもいるのではないでしょうか。とくべつ面白いことを言うわけでもないし、細やかに気が回るわけでもないのに、なぜかその人といると楽な気持ちになる。

こうした人を分析してみると、どんな局面においても感情が激することがなく、常に安定した精神状態を保っている人が多いように思います。

何かトラブルがあっても、慌てることもなければ騒ぎもしない。それは嬉しいことがあった時も同じです。また、人のことを必要以上に持ち上げることもなければ、陰口を言うようなこともしない。

つまり、**いつでも「自然体」で人と接することができる人です。**

このように文章に書いてしまうと、「面白みのない人」とも考えられますが、実際にそうした人が近くにいると、なぜか安心できて、心地よい気分で過ごせるものです。

「人は自分を映す鏡である」などと言われますが、事実、目の前にいる人が極度に緊張していたり、イライラして落ち着きがないと、それを見ている周りの人にも伝染してしまい、空気は重くなってしまいます。

もちろんそれは逆もしかりで、あなたがイライラしていると、周りの人にもそのイライラが伝染してしまいます。

そうした意味でも、いつでも自然体を保ち、どっしりと構えている人を見ると、

「ああ、いま直面している問題は、大したことないんだな」

「まあ、くよくよ考えても仕方がない。なるようになるだろう」

と心が妙に落ち着くものです。

とはいえこれがなかなか難しい。人は誰だってトラブルが起きれば慌てるし、人に文句も言いたくなるもの。感情をコントロールするのは、かなりの高等技術と言えるでしょう。

だからこそ、自然体でいられる人の存在はとっても貴重なのです。

何があっても、「慌てず騒がず」。そんな人にあなたもなって、周囲の信頼を勝ち取って「なくてはならない人」になってください。

〝よそよそしさ〟の打破に使えるアクシデント

相手の気持ちが分からない。なかなか親しくなることができない。あなたには、そんな相手がいませんか？　顔を見ればあいさつ程度はするけれど、どこか、よそよそしい空気が解消されずに、いまひとつそれ以上の関係に発展しない。いわば、学校や職場の中で、ずっと「初対面のような関係」が続いている人です。

心理学的な見地からすると、これは一種の「均衡理論」のようなもので、人間が楽に生きるためにバランスをとっている状態なのです。

くだいて言うなら、人には多くのつき合いがあり、その中で「Cさんとは一緒に酒を飲む仲」、「Dさんとは立ち話までの仲」というように区別して考え、無意識にバランスをとり、人間関係にまつわるストレスを回避しているのです。いちいち考えたり、判断していられないから、決めているわけです。もちろんこれは悪いことでもなんでもありません。

人は誰でも、こうして「この相手とはここまで」と決めて生きているのです。でなければ、たとえば職場で会う何人もの人に、毎日関係の深さをその都度考えていたら、仕事なんて手につきません。当然、Dさんに対する応対は、自然と機械的なものになってくる。これはもう、人間関係というよりも「処理」という言葉がぴったりのつき合い方です。

もし、こうした関係を崩して、より深い関係を築こうと思うのなら、相手に関心を持っている方の人が働きかけないと、そのバランスは崩すことができません。

その一つのきっかけとしたいのが、**小さなアクシデントを利用すること**です。エレベーターの前でぶつかってしまったとか、相手のお茶をこぼしてしまったとか、小さなアクシデントを「転換点」として、少しだけ深い接点を持つようにすると良いでしょう。

アクシデントを待つだけでなく、簡単なことを質問したり、やり方を教えてもらったり、手助けを頼んだりします。その後で、相手が受け取りやすいもの（お土産、お菓子など）をプレゼントする手もあります。

もちろんそれで一気に関係を深めようと思うのではなく、「親しさのレベルを少しだけ上げる」程度にとどめ、相手を観察しながら徐々に付き合いを深めていくことが肝心です。

放っておけば改善されない人間関係でも、アクシデントを「転換点」ととらえ、バランスを崩す働きかけを起こすことで好転していくのです。

待っていては、よそよそしさは解消されない

自分が気になる人だけでなく、多くの人と仲良くしたい。

そう考えるのはいいことです。また、そうあるべきだとも思います。

だからこそ、人と仲良くなろうと思うなら、相手の心をノックして、ディスクロージャー（自己開示）を促すことが必要。そのためには、小さなアクシデントを利用するのが有効である。これは前項で記した通りです。

ただ、勘違いしてはならないのは、

「相手だって、きっと同じように思っている」

「待っていれば、同じようなアクションを起こしてくれるはず」

などと、相手に対して期待感を持つのは筋違いだということです。

よく、**「人と同じ時間を共有すれば、自然と仲良くなれる」という人がいますが、そうしたことはほとんどありません。**

たとえば職場で、同じプロジェクトに入り共同作業をした人がいたとしましょう。プロジェクトを進めている間は協力し合い、それなりに言葉も交わしていたのに、プロジェクトが終わってチームが解散したとたん、相手はまた、心を閉ざしたようによそよそしい関係に戻ってしまう。あなたはきっと、「あの人は私のことが気に入らなかったのかな」と思うことでしょう。ところがそれは違うのです。

「心を閉じる」と聞くと、何かの理由があって、開いていた気持ちを閉じてしまう、と解釈しがちですが、そうではなく、**人の心は本来「閉じているもの」なのです。**

その前提に立って人と接した方が、人間関係は適切に理解することができます。

もしあなたがこれから先も、その人と親しく関係を続けて行きたいと望むのならば、あなたの方から積極的に相手の心をノックして、心を開くよう働きかけることが必要です。

大学に新入生が入ってくるとこんなことを言う学生がいます。

「みんなと友だちになりたいので、待ってます」と。

そんな時私は、ついこう言いたくなってしまいます。「待っていても、友だちはできないよ」と。人間関係を築くためには、仕掛けるのは常に自分から。そのさいに、どれだけ気づかいが上手にできるかで、人間関係の豊かさは決まってくると心得たいものです。

6章のまとめ

- □ ミスしたときだけ訪れる、「大きなチャンス」がある
- □ 「無茶ブリ」には慌てず恐れず
  「何が最大のポイントか」を考えればいい
- □ 利害の調整がうまい人は「妥協点」をさぐる達人である
- □ 譲歩は最大の武器になる
- □ 謝るときの「ＬＥＡＤの法則」
- □ 部下に真似されて嫌な上司はいない
- □ できる人は、たまには隙を見せるとより好かれる
- □ いつまでも“よそよそしい仲”にならないために、
  アクシデントを効果的に使おう

この章で気づいたこと

青春新書
PLAYBOOKS

人生を自由自在に活動《プレイ》する

人生の活動源として

いま要求される新しい気運は、最も現実的な生々しい時代に吐息する大衆の活力と活動源である。

文明はすべてを合理化し、自主的精神はますます衰退に瀕し、自由は奪われようとしている今日、プレイブックスに課せられた役割と必要は広く新鮮な願いとなろう。

いわゆる知識人にもとめる書物は数多く窺うまでもない。

本刊行は、在来の観念類型を打破し、謂わば現代生活の機能に即する潤滑油として、逞しい生命を吹込もうとするものである。

われわれの現状は、埃りと騒音に紛れ、雑踏に苛まれ、あくせく追われる仕事に、日々の不安は健全な精神生活を妨げる圧迫感となり、まさに現実はストレス症状を呈している。

プレイブックスは、それらすべてのうっ積を吹きとばし、自由闊達な活動力を培養し、勇気と自信を生みだす最も楽しいシリーズたらんことを、われわれは鋭意貫かんとするものである。

—創始者のことば— 小澤和一

著者紹介

渋谷昌三〈しぶや しょうぞう〉

1946年、神奈川県生まれ。目白大学大学院心理学研究科・社会学部教授。

学習院大学卒業。東京都立大学大学院博士課程修了。心理学専攻。文学博士。山梨医科大学(現山梨大学医学部)教授を経て現職。

非言語コミュニケーションをベースにした「空間行動学」という分野を開拓する。現代心理学に即した正確な記述と、わかりやすい解説に定評がある。おもな著書に『面白いほどよくわかる!心理学の本』(西東社)などがある。


「さりげない気《き》づかい」ができる人《ひと》 できない人《ひと》

青春新書 PLAYBOOKS

2012年9月20日 第1刷

著者 渋《しぶ》谷《や》昌《しょう》三《ぞう》

発行者 小澤源太郎

責任編集 株式会社プライム涌光

電話 編集部 03(3203)2850

発行所 東京都新宿区若松町12番1号 〒162-0056 株式会社青春出版社

電話 営業部 03(3207)1916 振替番号 00190-7-98602

印刷・中央精版印刷 製本・フォーネット社

ISBN978-4-413-01967-5